Udo Cremer

Das 1 x 1 der Buchführung

Udo Cremer

Das 1 x 1 der Buchführung

Schritt für Schritt von der Inventur zur ersten Bilanz
Mit Checklisten, Tipps und Beispielen

REDLINE | VERLAG

Bibliografische Information der Deutschen Nationalbibliothek
Die Deutsche Nationalbibliothek verzeichnet diese Publikation in der Deutschen Nationalbibliografie. Detaillierte bibliografische Daten sind im Internet über http://dnb.d-nb.de abrufbar.

Für Fragen und Anregungen:
cremer@redline-verlag.de

4. Auflage 2012

Nymphenburger Straße 86
D-80636 München
Tel.: 089 651285-0
Fax: 089 652096

Umschlaggestaltung: Vierthaler & Braun, München
Umschlagabbildung: istockPhoto
Satz: Jürgen Echter, Redline GmbH
Druck: Books on Demand GmbH, Norderstedt

ISBN Print 978-3-86881-393-7
ISBN E-Book (PDF) 978-3-86414-360-1

Inhaltsverzeichnis

Vorwort **11**

1. Welche Aufgaben hat die Buchführung zu erfüllen? . . **13**

2. Ohne gesetzliche Rahmenbedingungen geht es nicht! . **21**
Das Grundbuch 27
Das Kassenbuch 29
Das Hauptbuch 31
Die Nebenbücher 32

3. Mit der Inventur fängt alles an! **39**
Stichtagsinventur 43
Verlegte Inventur 44
Permanente Inventur 45

4. Von der Inventur über das Inventar zur ersten Bilanz . **47**

5. Auflösung der Bilanz in verschiedene Konten **61**

6. Der Buchungssatz – eine komprimierte Form der Erfassung **73**
Bareinzahlung auf das Bankkonto 77
Barabhebung vom Bankkonto 79
Gewährung eines Darlehens über die Bank 80
Darlehenstilgung durch die Bank 81
Banküberweisung eines Kunden 82
Kauf von Rohstoffen auf Ziel 82
Barzahlung einer Verbindlichkeit 82
Bareinlage 82
Barentnahme 83
Wir zahlen im Voraus bar an unseren Lieferanten 83
Ein Kunde leistet eine Akontozahlung durch Banküberweisung 83

7. Buchung der ersten Geschäftsvorfälle **87**
Der Aktivtausch 90
Der Passivtausch 92
Die Aktiv-Passiv-Mehrung 94
Die Aktiv-Passiv-Minderung 95

8. Die Erfolgskonten als Unterkonten des Kapitalkontos **97**

9. Das Problem der Umsatzsteuer sicher im Griff **107**
Die Umsatzsteuer bei Eingangsrechnungen 111
Die Umsatzsteuer bei Ausgangsrechnungen 113

10. Buchungen im Lohn- und Gehaltsbereich **121**
Probleme bei der Errechnung der Lohn- und Kirchensteuer 124
Probleme bei den Abzügen für die Sozialversicherung . . 126

11. Buchungen im Einkaufs- und Verkaufsbereich **139**
Häufig vorkommende Buchungen im Einkaufsbereich . 141
Häufig vorkommende Buchungen im Verkaufsbereich . 150

12. Abschreibungen – ein Problem? **163**
Beginn der Abschreibung 171

13. Bestandsveränderung – was ist das? **185**

14. Vorgänge im Zahlungsbereich **197**
Anzahlungen 199
Wechsel 203
Schecks 207

15. Kauf und Verkauf von Anlagegütern **211**
Ermittlung der richtigen Anschaffungskosten 213
Führung einer Anlagenbuchhaltung 228
Buchhalterische Behandlung von Anlageverkäufern unter und über Buchwert 230
Geringwertige Wirtschaftsgüter 243

16. Darlehensaufnahme 247
Mit welchem Wert muss das Darlehen in der Bilanz ausgewiesen werden? 250
Die buchhalterische Behandlung des Disagios 251
Bearbeitungsgebühren und Provisionszahlung 253
Zinszahlung am Ende des Jahres 2007 253

17. Steuern 257
Steuern als Anschaffungsnebenkosten 259
Gewinnmindernde Steuern 259
Steuern, die natürliche oder juristische Personen betreffen 260
Steuern als »durchlaufender Posten« 261

18. Erste Abschlussversuche in der Hauptabschlussübersicht 263
Der Jahresabschluss 271

Stichwortverzeichnis 281

Anmerkung

Um das Arbeiten mit diesem Buch für Sie möglichst einfach und effizient zu gestalten, haben wir wichtige Textpassagen mit folgenden Icons gekennzeichnet:

! Achtung wichtig!

Stolperstein

Das sollten Sie auf jeden Fall vermeiden!

z.B. Beispiel

Tipp Tipp

Vorwort

Nach verschiedenen Gesetzen ist jeder Selbstständige dazu verpflichtet, in mehr oder minder großem Umfang eine Buchführung zu erstellen.
Dieses Buch gibt Ihnen einen konkreten Überblick über die ständig steigenden Anforderungen an einen Buchführungspflichtigen. Es ermöglicht Ihnen, eine komplette Jahresbuchführung selbstständig und ohne fremde Hilfe durchzuführen. Sie werden lernen, welche Aufgaben eine ordnungsgemäße Buchführung zu erfüllen hat und wie sie im Einzelnen aufgebaut sein sollte. Angefangen von der Inventur über das Inventar bis zur Bilanz werden Ihnen die einzelnen Aufbauschritte anhand von Beispielen leicht nachvollziehbar dargestellt. Nach der »Zerlegung« der Bilanz in einzelne Unterkonten lernen Sie einfache und komfortable Lösungen kennen, wie ein umfangreicher Geschäftsvorfall auf das Wesentliche zusammengefasst wird, wie Sie unterschiedliche Geschäftsvorfälle buchhalterisch erfassen und wie alles buchungsmäßig dokumentiert sein muss, um den gesetzlichen Anforderungen zu genügen.
Im Anschluss daran gehen wir näher auf die Unterscheidung in Erfolgs- und Bestandskonten ein und erläutern das Thema der richtigen Umsatzsteuerverbuchung anhand von zahlreichen Beispielfällen.
Nach dem eher einleitenden Buchführungsteil werden Ihnen ab Kapitel 10 die häufigsten in der Praxis vorkommenden »anspruchsvolleren« Buchungen und Probleme vorgestellt und konkrete Vorschläge und Ratschläge an die Hand gegeben.
Das letzte Kapitel des Buches widmet sich ausschließlich dem Jahresabschluss, der das eigentliche Kernstück der Buchführung darstellt, und seinen Auswertungsmöglichkeiten.
Im gesamten Buchverlauf werden Sie zu jedem Thema eine kompakte, speziell auf den Buchführungsanfänger zugeschnittene Einweisung finden, mit der Sie sich schnell auf diesem für Sie unbekannten Terrain zurechtfinden.

Aldenhoven, im Sommer 2006 *StB Udo Cremer*

1.

Welche Aufgaben hat die Buchführung zu erfüllen?

Die Buchführung bildet neben der Kostenrechnung, der Statistik und der Planungsrechnung den eigentlichen Hauptteil des Rechnungswesens. Dabei hat das Rechnungswesen die Aufgabe, das gesamte Unternehmensgeschehen von der Beschaffung über die Produktion bis zum Absatz zahlenmäßig abzubilden. In diesem Zusammenhang muss nicht nur alles erfasst, sondern auch überwacht und vor allem ausgewertet werden. Somit obliegen dem Rechnungswesen insbesondere folgende (Haupt-) Aufgaben:

Hauptaufgaben der Buchführung:

- ❑ exakte Dokumentation
- ❑ Rechenschaftslegung
- ❑ Kontrollausübung
- ❑ Möglichkeiten zur Disposition

Im Rechnungswesen werden sämtliche Geschäftsvorfälle in zeitlicher und sachlicher Reihenfolge aufgezeichnet und dabei die Veränderungen im Vermögen, beim Eigen- und Fremdkapital sowie am Jahreserfolg deutlich gemacht (exakte Dokumentationsaufgabe).

Darüber hinaus wird durch das Rechnungswesen jährlich ein komprimierter, an den gesetzlichen Vorschriften orientierter Jahresabschluss aufgestellt, der eine schnelle und zutreffende Übersicht über die Vermögens-, Finanz- und Ertragslage der Gesellschaft ermöglicht und sich in erster Linie an die Eigentümer des Unternehmens sowie an die Finanzbehörden und außenstehende Dritte, zum Beispiel Gläubiger, wendet (Rechenschaftslegung).

Durch geeignete Informationsaufbereitung können zusätzlich noch die Wirtschaftlichkeit sowie die Aufrechterhaltung der jederzeitigen Zahlungsfähigkeit des Unternehmens überwacht und sichergestellt werden (Kontrollausübung).

Möglichkeiten zur Disposition ergeben sich insofern, als das Zahlenmaterial des Rechnungswesens auch Grundlage für unternehmerische Planungen und betriebswirtschaftlich relevante Entscheidungen sein

kann (zum Beispiel für zukünftige Investitionsvorhaben, Auf- oder Ausbau einer neuen Produktpalette).
Die Buchführung liefert das ursprüngliche Zahlenmaterial für weitergehende individuelle Berechnungen, beispielsweise in der Kosten- und Planungsrechnung, sowie für statistische Zwecke. Dafür ist es wichtig, dass sie das gesamte betriebliche Geschehen abbildet. Sie können sich sicherlich vorstellen, dass in einem Betrieb sehr viele verschiedenartige Arbeiten zu erledigen sind. Nicht nur der Einkauf von Rohstoffen oder Ersatzteilen, deren innerbetrieblicher Transport zum und vom Materiallager und die Weiterverarbeitung zu Fertigteilen mit anschließendem Verkauf müssen festgehalten und dokumentiert werden, sondern dazu kommen auch noch die Rechnungsschreibung, die Zahlungsüberwachung der Kundschaft sowie die Bezahlung der eigenen Lieferanten für die bezogenen Rohstoffe. Das ist nur ein kleiner Ausschnitt der täglich wiederkehrenden Vorfälle in einem Unternehmen.
Der Buchführung kommt in diesem Zusammenhang die besondere Aufgabe zu, sämtliche Geschäftsvorfälle zeitnah, vollständig und geordnet zu erfassen und aufzuzeichnen, um jederzeit Auskunft über die derzeitige Vermögens-, Finanz- und Ertragslage geben zu können. Die Erfassung und Aufzeichnung müssen allerdings in einer Art und Weise erfolgen, dass sich ein fachkundiger Dritter in angemessener Zeit darin zurechtfindet. Damit diese Voraussetzung erfüllt ist, werden an die Buchführung bestimmte Voraussetzungen geknüpft, die im Laufe dieses Buches noch näher besprochen werden.
Als Hauptaufgaben der Buchführung kann man bezeichnen:

- jederzeitige Feststellung des Vermögensstandes,
- vollständige und geordnete Erfassung aller relevanten Belege,
- Darstellung der Veränderung hinsichtlich der Vermögens-, Finanz- und Ertragslage,
- Ermittlung des zutreffenden Gewinns und Grundlage für die Gewinnverteilung,
- Grundlage für die an das Finanzamt abzuführenden Steuern,
- Beweiskraft bei Rechtsstreitigkeit mit Lieferanten, Kunden, Banken, Finanzamt und so weiter.

Zusammenfassung

Die Buchführung muss laufend erstellt werden; sie ist damit keine Zeitpunkt-, sondern eine Zeitabschnittsrechnung. Ihr kommt die Aufgabe zu, sowohl die Mittelherkunft (Eigen- oder Fremdkapital) als auch die Mittelverwendung (Anlage- oder Umlaufvermögen) fortlaufend und systematisch zu verzeichnen. Zu diesem Zweck müssen in der Buchführung alle wirtschaftlichen Vorgänge, die in irgendeiner Weise das Vermögen und Kapital des Unternehmens betreffen, zahlenmäßig festgehalten werden. Das sind nicht nur interne Geschäftsvorfälle (zum Beispiel Verbrauch von im Warenlager befindlichen Rohstoffen in der Fertigung), sondern auch solche, die ein Unternehmen mit der Außenwelt (zum Beispiel Kunden und Lieferanten, Banken, Finanzamt) vornimmt. Die Buchführung bildet mit ihrem Zahlenwerk die Grundlage für die am Geschäftsjahresende aufzustellende Bilanz und Gewinn-und-Verlust-Rechnung (G+V) und damit für die korrekte Ermittlung des Gewinns und der an das Finanzamt abzuführenden »gewinnabhängigen« Einkommensteuer sowie der Ermittlung der Umsatzsteuerzahllast beziehungsweise des Vorsteuerüberhangs.
Der Sinn einer jeden geschäftlichen Tätigkeit besteht in erster Linie darin, Gewinn zu erwirtschaften und sein Vermögen zu vermehren. Unter der Voraussetzung, dass der Gewinn (von wenigen Ausnahmen abgesehen) jeweils für ein Wirtschaftsjahr (in der Regel = Kalenderjahr) ermittelt wird, kann daraus folgender Gewinnbegriff abgeleitet werden:

Gewinn ist der Unterschiedsbetrag zwischen dem Betriebsvermögen am Ende des Wirtschaftsjahres und dem Betriebsvermögen am Ende des vorangegangenen Wirtschaftsjahres.

Das Betriebsvermögen stellt dabei die Differenz zwischen dem Vermögen (Anlage- und Umlaufvermögen) und den Schulden eines Unternehmens dar. In der Bilanz wird das Betriebsvermögen auch als Eigenkapital bezeichnet.

z.B.

Der Kaufmann Karl Wendelin weist in seiner Bilanz zum 31.12.2006 ein Betriebsvermögen von 50.000 Euro aus. Am 31.12.2005 betrug das Betriebsvermögen noch 40.000 Euro. Allerdings hat Karl Wendelin während des Jahres 2006 für insgesamt 20.000 Euro Entnahmen getätigt.

	Betriebsvermögen 2006	50.000 Euro
–	Betriebsvermögen 2005	40.000 Euro
=	Gewinn für das Jahr 2006	10.000 Euro

Da ein selbstständiger Kaufmann in seinem eigenen Unternehmen nicht angestellt ist, erhält er folglich auch kein Gehalt. Den Lohn für seine Tätigkeit stellt der Gewinn am Geschäftsjahresende dar. Man kann sich aber leicht vorstellen, dass kein Selbstständiger ein komplettes Jahr warten kann, bevor er sich den Gewinn für das zurückliegende Geschäftsjahr auszahlt. Zwischenzeitlich muss er auch von irgendetwas seinen Lebensunterhalt bestreiten. Deshalb ist es in der Praxis durchaus üblich, während des Geschäftsjahres so genannte Privatentnahmen zu tätigen, die praktisch einen »Vorschuss« auf den erst am Jahresende festzustellenden Gewinn darstellen.

Auf unser obiges Beispiel bezogen wäre somit der Gewinn um die Privatentnahmen von 20.000 Euro höher ausgefallen, wenn Karl Wendelin keine Entnahmen getätigt hätte. Im Umkehrschluss bedeutet das, dass die Differenz aus dem Betriebsvermögen 2006 und dem Betriebsvermögen 2005 wieder um die während des Jahres getätigten Privatentnahmen zu erhöhen ist.

	Betriebsvermögen 2006	50.000 Euro
–	Betriebsvermögen 2005	40.000 Euro
=	Unterschiedsbetrag	10.000 Euro
+	Entnahmen im Jahr 2006	20.000 Euro
=	Gewinn für das Jahr 2006	30.000 Euro

Der umgekehrte Fall ist natürlich auch denkbar. Sollte der Unterschiedsbetrag aus dem Betriebsvermögen zweier unterschiedlicher Jahre negativ sein, könnte man auf die Idee kommen, durch eine Privateinlage die weniger vorteilhafte Verlustsituation in eine Gewinnsituation umzumünzen. Da der Gewinn eines Wirtschaftsjahres aber nur durch die im Betrieb selbst erwirtschafteten Erträge und das dadurch geschaffene Vermögen beeinflusst sein darf, ist es für die Ermittlung des richtigen Gewinnausweises unbedingt erforderlich, die oben aufgestellte Gewinndefinition noch zu erweitern. Demnach gilt:
Gewinn ist der Unterschiedsbetrag zwischen dem Betriebsvermögen am Ende des Wirtschaftsjahres und dem Betriebsvermögen am Ende des vorangegangenen Wirtschaftsjahres, vermehrt um den Wert der Entnahmen und vermindert um den Wert der Einlagen, die während des Wirtschaftsjahres getätigt wurden.

z.B.

	a)	b)	c)	d)
Betriebsvermögen 31.12.2006	10.000 €	30.000 €	25.000 €	40.000 €
Betriebsvermögen 31.12.2005	10.000 €	25.000 €	30.000 €	35.000 €
Entnahmen im Jahr 2006	5.000 €	10.000 €	10.000 €	10.000 €
Einlagen im Jahr 2006	15.000 €	15.000 €	15.000 €	5.000 €
Ermittlung des Gewinns 2006:	–10.000 €	0 €	–10.000 €	10.000 €

Dabei sind Entnahmen alle Wertabgaben des Unternehmens für betriebsfremde Zwecke, also zum Beispiel Entnahmen von Gegenständen (Barabhebung), Nutzungen (mit dem Betriebs-Pkw wird auch privat gefahren) und Leistungen (während der Arbeitszeit wird die private Korrespondenz geführt). Einlagen können dagegen alle Wertabgaben eines Steuerpflichtigen an sein Unternehmen sein, zum Beispiel Einlagen von Gegenständen (Privateinlage), Nutzungseinlagen (betrieblich veranlasste Fahrt mit dem Privat-Pkw) und Leistungseinlagen.

2.

Ohne gesetzliche Rahmenbedingungen geht es nicht!

Die Buchführung stellt das zahlenmäßige Abbild des gesamten betrieblichen Geschehens dar und bildet die Grundlage für zahlreiche an das Finanzamt abzuführende Steuerarten (Lohn- und Kirchensteuer, Umsatzsteuer, Einkommensteuer, Körperschaftsteuer, Gewerbesteuer und so weiter). Insofern können Sie sich sicherlich vorstellen, dass an die Buchführung strenge gesetzliche Vorschriften geknüpft sind. Die Pflicht zur Führung einer Buchführung wird nach deutschem Gesetz zwei Gruppen von Personen auferlegt:

1. Kaufleuten nach dem Handels- (und Steuer-)recht,
2. einem erweiterten »Teilnehmerkreis« nach der Abgabenordnung (zum Beispiel Land- und Forstwirte).

Im Rahmen dieses Buches wird nur auf die Buchführungspflicht für Kaufleute weiter eingegangen.

! Nach Paragraf 238 Handelsgesetzbuch (HGB) ist jeder Kaufmann verpflichtet, Bücher zu führen und in diesen seine Handelsgeschäfte und die Lage seines Vermögens nach den Grundsätzen ordnungsmäßiger Buchführung ersichtlich zu machen.

Kaufmann ist jeder, der ein Handelsgewerbe betreibt. Handelsgewerbe ist jeder Gewerbebetrieb, es sei denn, dass das Unternehmen nach Art oder Umfang einen in kaufmännischer Weise eingerichteten Geschäftsbetrieb nicht erfordert. Darüber hinaus ist auch Kaufmann, wer sich als »Kleingewerbetreibender«, dessen Betrieb keinen in kaufmännischer Weise eingerichteten Geschäftsbetrieb erfordert, in das Handelsregister hat eintragen lassen (es besteht ein so genanntes Wahlrecht = Kannkaufmann, das heißt, die Kaufmannseigenschaft und damit die Buchführungsverpflichtung entsteht erst mit der Eintragung in das Handelsregister). Ist eine Eintragung erfolgt, unterliegt der »Kleingewerbetreibende« allerdings in vollem Umfange dem Handelsrecht und damit auch der Pflicht zur Führung von Handelsbüchern. Außerdem sind Gesellschaften (zum Beispiel offene Handelsgesellschaft, Kommanditgesellschaft, Gesellschaft mit beschränkter Haftung und Aktiengesellschaft) ebenfalls nach dem Gesetz Kaufleute. Die Buchführungspflicht beginnt für den Kaufmann, der ein Handelsgewerbe betreibt, zu dem Zeitpunkt, in dem er seine Tätigkeit beginnt, für den Kannkaufmann erst mit der Eintragung in das Handelsregister. Die Pflicht zur Führung von Büchern endet mit dem Verlust der Kaufmannseigenschaft, also in der Regel im Zeitpunkt der Betriebsaufgabe.

Grundsätzlich muss die Buchführung so beschaffen sein, dass sie einem sachverständigen Dritten innerhalb angemessener Zeit einen Überblick über die Geschäftsvorfälle ermöglicht und über die Lage des Unternehmens Auskunft gibt. Dazu müssen sich sämtliche Geschäftsvorfälle von ihrer Entstehung bis zur Abwicklung verfolgen lassen. Bei der Führung der Handelsbücher und den sonstigen erforderlichen Aufzeichnungen hat sich der Kaufmann einer lebenden Sprache zu bedienen; Abkürzungen, Ziffern, Buchstaben oder Symbole müssen in ihrer jeweiligen Bedeutung eindeutig festliegen.

Alle Eintragungen in den Büchern und sonstigen erforderlichen Aufzeichnungen müssen vollständig, richtig, zeitgerecht und geordnet vorgenommen werden. Darüber hinaus darf eine Eintragung oder Aufzeichnung nicht derart verändert werden, dass der ursprüngliche Inhalt nicht mehr feststellbar ist. Auch dürfen keine Veränderungen vorgenommen werden, aus denen nicht klar hervorgeht, ob sie ursprünglich oder erst später gemacht worden sind (das heißt, es darf nicht radiert oder gelöscht, sondern nur sauber durchgestrichen werden).

Im Rahmen der kaufmännischen Buchführung stehen zwei unterschiedliche Systeme zur Verfügung:

1. Die einfache Buchführung:

In der Praxis ist die einfache Buchführung nur noch vereinzelt anzutreffen. Die wesentlichen Merkmale einer einfachen Buchführung sind:

- sämtliche Geschäftsvorfälle werden in zeitlicher Reihenfolge aufgezeichnet,
- Konten, auf denen sowohl Aufwendungen wie auch Erträge erfasst werden, werden in der einfachen Buchführung nicht geführt,
- die Ermittlung des Gewinns kann nur durch einen Betriebsvermögensvergleich (wie zuvor beschrieben) durchgeführt werden.

Trotz der erheblichen Einschränkungen und Nachteile wird die einfache Buchführung als ordnungsgemäß anerkannt, da die Mindestvoraussetzungen für eine Buchführung vorliegen und auch erfüllt sind.

2. Die doppelte Buchführung:

Aufbauend auf die einfache Buchführung werden bei der doppelten Buchführung sämtliche Geschäftsvorfälle innerhalb eines Wirtschaftsjahres nicht nur in zeitlicher, sondern auch in sachlicher Hinsicht erfasst und gebucht. Das Charakteristische an der doppelten Buchführung ist, dass alle Vorgänge doppelt aufgenommen werden. Das bedeutet, dass durch die Buchung die Auswirkungen zum einen auf das Betriebsvermögen und zum anderen auf das Betriebsergebnis (= Gewinn oder Verlust) deutlich werden.
Dabei übernimmt das Grundbuch (dieses gibt es auch in der einfachen Buchführung) die Aufgabe der zeitlichen Dokumentation. Zusätzlich werden in einem so genannten Hauptbuch für alle Bilanz- und Erfolgsposten so genannte Sachkonten geführt, welche die jeweilige Veränderung des Gewinns durch die gebuchten Geschäftsvorfälle zutage treten lassen. Daneben gibt es noch ein so genanntes Geschäftsfreundebuch (auch Kontokorrentbuch), in dem für jeden Lieferanten und für jeden Kunden ein separates Konto (= Personenkonto) geführt wird, auf dem der Rechnungs- und Zahlungsverkehr mit dem einzelnen Geschäftsfreund festgehalten wird.

Sie sehen bereits, dass an die ordnungsgemäße Führung Ihrer Bücher hohe Anforderungen gestellt werden. Im Folgenden erhalten Sie Tipps und praktische Hinweise und erfahren, was Sie bei der Buchführung beachten sollten und wie Sie sie am sinnvollsten organisieren.
Grundsätzlich sind Sie in der Form der Führung Ihrer Geschäftsbücher frei. So können Sie neben gebundenen Büchern auch eine fortlaufend nummerierte Loseblattsammlung oder eine geordnete Ablage Ihrer Belege verwenden oder Ihre Buchführung über EDV führen. Sie haben auch die Möglichkeit, Ihre gesamten Bücher und sonstigen Aufzeichnungen auf Datenträgern zu führen, sofern sichergestellt ist, dass die Daten während der Dauer der gesetzlichen Aufbewahrungsfrist verfügbar sind und jederzeit innerhalb angemessener Frist lesbar gemacht werden können.
Für die gesamte Buchführung gilt immer der Grundsatz der Ordnungsmäßigkeit, Klarheit und Nachprüfbarkeit. Deshalb ist es unbedingt erforderlich, bei der Buchung Ihrer Geschäftsvorfälle eine gewisse Ordnung einzuhalten.

Diese Ordnung erstreckt sich auf die

- **zeitliche** (chronologische) Ordnung,
- **sachliche** (systematische) Ordnung und
- **ergänzende** Ordnung durch Nebenaufzeichnungen in bestimmten Fällen.

Eine Hauptaufgabe der Führung Ihrer Bücher ist in der zuvor vorgestellten Ordnung zu sehen.
Grundsätzlich lassen sich die verschiedenen Bücher der Buchführung wie folgt klassifizieren:

Bücher der Buchführung			
Grundbücher und Belegsammlungen	Hauptbuch	Verschiedene Nebenbücher	Hilfsbücher

Welche Bücher in welcher Form wie geführt werden müssen und welche Anforderungen daran zu stellen sind, wird im Folgenden kurz vorgestellt.

Das Grundbuch

Das Grundbuch, auch Journal oder Primanota genannt, dient zur Aufzeichnung aller Geschäftsvorfälle in *zeitlicher (chronologischer) Reihenfolge* anhand entsprechender vorkontierter Belege. Das Grundbuch hat *Grundlagencharakter* für Ihre gesamte Buchführung. Im Grundbuch werden folgende Buchungen dokumentiert:

1. Eröffnungsbuchungen
2. laufende Buchungen
3. vorbereitende Abschlussbuchungen
4. Abschlussbuchungen

Die Hauptaufgabe besteht im Wesentlichen in der richtigen Dokumentation der laufenden Buchungen. Dazu ist es unbedingt erforderlich, dass aus jedem Geschäftsfall, den Sie in Ihrem Grundbuch festhalten, folgende Angaben zu erkennen sind:

- Datum,
- Belegart und Belegnummer,
- Buchungstext (= kurze Beschreibung des Geschäftsvorfalls),
- Buchungssatz (= Konto und Gegenkonto),
- Euro-Betrag.

z.B.

Buchungsjournal **Monat Oktober 2006** **Seite …**

Datum	Beleg-Nr.	Buchungstext	Buchungssatz		Betrag	
			Soll	Haben	Soll	Haben
01.10.	…	Übertrag von Seite …		…	…	
04.10.	ER 164	Tankquittung	6850		200,00	
			2600		32,00	
			4400			232,00
05.10.	BA 178	Überweisung Tankbeleg	4400		232,00	
				2800		232,00

Ein Buchungsjournal muss immer als solches gekennzeichnet sein. Es muss neben der fortlaufenden Seitennummerierung vermerkt werden, auf welchen Zeitraum sich die Buchungen beziehen (zum Beispiel Monat Oktober 2006). In der ersten Spalte wird das jeweilige Tagesdatum eingetragen, in der zweiten die Belegnummer oder die Belegart (ER steht beispielsweise für Eingangsrechnung und BA für Bankauszug). In der dritten Spalte folgt eine Kurzbeschreibung des zugrunde liegenden Buchungssatzes (hier: »Die Firmenwagen wurden voll getankt, als Belege dienen die von der Tankstelle ausgestellten Tankquittungen«). Die vierte und die fünfte Spalte zeigen an, welcher Betrag (fünfte Spalte) auf welches Konto und auf welcher Seite des jeweiligen Kontos gebucht wird. Dazu später mehr. Diese beiden Spalten (Buchungssatz und Betrag) dienen später auch zur Übernahme in das Hauptbuch.

Der Gesetzgeber fordert zwar eine zeitnahe und geordnete Erfassung der Geschäftsvorfälle im Grundbuch, das heißt aber nicht, dass Sie kalendertäglich aufzeichnen müssen. Es ist ausreichend, wenn ein zeitlicher Zusammenhang zwischen den Vorgängen und ihrer buchmäßigen Erfassung besteht.

Tipp Manchmal ist es aus praktischen Erwägungen heraus sinnvoller, die Geschäftsvorfälle nicht laufend, sondern nur periodenweise zu buchen (zum Beispiel bei Einsatz einer EDV einmal pro Monat). In diesen Fällen muss die grundbuchmäßige Erfassung der Geschäfte eines Monats bis zum Ablauf des folgenden Monats erfolgen, und Sie sollten sicherstellen, dass Buchführungsunterlagen bis zu ihrer grundbuchmäßigen Erfassung nicht verloren gehen können – zum Beispiel durch laufende Nummerierung sämtlicher eingehenden und ausgehenden Rechnungen oder durch das Abheften in besonderen Mappen oder Ordnern.

Je nachdem, welche Ausmaße in Ihrem Betrieb die zeitgerechte Aufzeichnung sämtlicher Vorfälle annimmt, besteht auch die Möglichkeit, das eigentliche Grundbuch, wie oben vorgestellt, in mehrere »Untergrundbücher« aufzuteilen. In der Praxis hat es sich beispielsweise bewährt, ein separates Grundbuch für die Kasse, für Rechnungseingänge und -ausgänge sowie für sämtliche Bank- und Postbankkonten zu führen.

Das Kassenbuch

Das Kassenbuch stellt in vielen Betrieben das wichtigste Grundbuch dar. In ihm sind täglich sämtliche Kasseneinnahmen und -ausgaben festzuhalten. Ein vorgefertigtes Kassenbuch können Sie in vielen Schreibwarengeschäften kaufen, Sie können sich aber auch selbst eins erstellen.
Aufbau eines Kassenbuches:

Kassenbuch	**Monat Oktober 2006**		**Seite ....**
Datum	Bezeichnung	Einnahme	Ausgabe
01.10.	Übertrag aus dem Vormonat	...	
01.10.	Porto für Paketdienst		12,50
02.10.	Barabhebung vom Bankkonto	1.000,00	
02.10.	Reisekostenabrechnung Maier		252,30

Tipp Achten Sie unbedingt darauf, dass Ihr Kassenbestand nicht irgendwann einmal einen negativen Saldo aufweist. Sie glauben nicht, wie vielen Unternehmen das bei Führung eines manuellen Kassenbuches auch heute noch passiert! Ein negativer Saldo ist bei der Kasse nicht nur unmöglich, sondern auch für einen Betriebsprüfer vom Finanzamt ein sicheres Anzeichen dafür, dass Sie Ihre Kassenbelege nicht zeitgerecht, vollständig und richtig erfasst und gebucht haben, was im schlimmsten Fall dazu führen kann, dass die Ordnungsmäßigkeit Ihrer gesamten Buchführung infrage gestellt wird und Ihr Geschäftsgewinn vom Finanzamt geschätzt wird.

Tipp Solange sämtliche Vorgänge der Kassenaufzeichnungen einzeln gebucht werden, sind regelmäßige Kassenbestandsaufnahmen nicht nötig. Allerdings sollten Sie mindestens einmal im Jahr, wenn möglich zwei- oder dreimal, eine Kassenbestandsaufnahme durchführen. Dabei wird verglichen, ob der tatsächlich in der Kasse vorhandene Bargeldbestand mit dem Saldo in Ihrem Kassenbuch übereinstimmt. Dazu muss eine körperliche Bestandsaufnahme des gesamten Bargeldes erfolgen. Am besten ist es, wenn Sie sich vorher folgendes Formular entwerfen, die entsprechenden Zahlen während der Kassenbestandsaufnahme von Hand eintragen und sich das Formular anschließend vom verantwortlichen Kassierer unterschreiben lassen:

Kassenbestandsaufnahme am 2007

Verantwortliche/r Kassierer/in: Frau/Herr ....

Bei der Kassenbestandsaufnahme wurde folgender Kassenbestand ermittelt:

.... × 500-Euro-Scheine	=	.... Euro
.... × 200-Euro-Scheine	=	.... Euro
.... × 100-Euro-Scheine	=	.... Euro
.... × 50 Euro Scheine	=	.... Euro
.... × 20-Euro-Scheine	=	.... Euro
.... × 10-Euro-Scheine	=	.... Euro
.... × 5-Euro-Scheine	=	.... Euro
.... × 2-Euro-Münzen	=	.... Euro
.... × 1-Euro-Münzen	=	.... Euro
.... × 50-Cent-Münzen	=	.... Euro
.... × 20-Cent-Münzen	=	.... Euro
.... × 10-Cent-Münzen	=	.... Euro
.... × 5-Cent-Münzen	=	.... Euro
.... × 2-Cent-Münzen	=	.... Euro
.... × 1-Cent-Münzen	=	.... Euro
Summe:	=	.... Euro

Ort, Datum

Unterschrift des Kassierers ------------------------------------

Das Hauptbuch

Das Grundbuch hat einen entscheidenden Nachteil: Aus ihm lässt sich nicht jederzeit der Stand der einzelnen Vermögensteile und Schulden erkennen. Deshalb ist es nötig, die Geschäftsfälle noch in eine *sachliche*

(systematische) Ordnung zu bringen, zum Beispiel werden alle Mietzahlungen auf dem Konto »Miete« gebucht, alle Bankbewegungen auf dem Konto »Bank« und so weiter. Diese Sachkonten stellen wegen ihrer hervorgehobenen Bedeutung das *Hauptbuch* der Buchführung dar.
Grundlage der Eintragungen im Grundbuch sind die einzelnen Belege. Dagegen erfolgen die Buchungen im Hauptbuch nach dem Grundbuch, wobei im Hauptbuch für jedes Sachkonto der Bilanz und Gewinn-und-Verlust-Rechnung ein separates Konto eingerichtet wird. Somit übernimmt das Hauptbuch die gleichen Vorgänge wie das Grundbuch, nur in anderer Ordnung.

Die Nebenbücher

Es gibt bestimmte Hauptbuchkonten, die noch einer näheren Erläuterung bedürfen, um zusätzliche wichtige Einzelheiten festzuhalten. Dies geschieht in den Nebenbüchern zum Hauptbuch. Insbesondere können Sie als Nebenbücher führen:

- ❑ Forderungen aus Lieferungen und Leistungen → Geschäftsfreundebuch
- ❑ Verbindlichkeiten aus Lieferungen und Leistungen → Geschäftsfreundebuch
- ❑ Anlagenbuchhaltung → Anlagenkartei
- ❑ Besitz- und Schuldwechsel → Wechselbuch
- ❑ Lohn- und Gehaltsabrechnungen → Lohn- und Gehaltsbuch
- ❑ Lagerbuchhaltung → Lagerbuch

Die Nebenbücher dienen in erster Linie der Erläuterung der Inhalte einzelner Hauptbuchkonten.

Geschäftsfreundebuch

Im Hauptbuch wird für sämtliche Kunden (= Debitoren) und Lieferanten (= Kreditoren) jeweils nur ein Konto geführt, nämlich das Konto »Forderungen aus Lieferungen und Leistungen« für alle Debitoren

und das Konto »Verbindlichkeiten aus Lieferungen und Leistungen« für die Lieferanten.
Mithilfe des Hauptbuches allein lässt sich nicht erkennen, wie hoch der einzelne Guthabenstand (beziehungsweise Schuldenstand) bei einem speziellen Kunden (beziehungsweise Lieferanten) ist. Daher ist es unerlässlich, für jeden Kunden und Lieferanten ein eigenes Konto (= Personenkonto) einzurichten. Die Einrichtung von Personenkonten dient ebenfalls der Überwachung der Zahlungstermine und der Zahlungsbereitschaft (= Liquidität). Sämtliche Personenkonten bilden in ihrer Gesamtheit das Geschäftsfreundebuch.
Die Summe aller Debitorensalden muss mit dem Saldo auf dem Konto »Forderungen aus Lieferungen und Leistungen« aus dem Hauptbuch übereinstimmen. Gleiches gilt für die Kreditoren in Übereinstimmung mit dem Konto »Verbindlichkeiten aus Lieferungen und Leistungen«.

z.B.

Im Laufe des Monats März 2006 ergaben sich folgende Buchungen auf Ihrem Hauptbuchkonto (Sachkonto) »Forderungen aus Lieferungen und Leistungen«:

S	Forderungen aus Lieferungen	und Leistungen	H
8000 A	10.270	(5) 2800	8.750
(2) 5000, 4800	2.900	(13) 800	1.500
(8) 5000, 4800	3.780	(17) 2800	900
(15) 5000, 4800	5.960	(18) 2800	5.870
(21) 5000, 4800	4.950	(24) 2800	3.120
		8010 EB	7.720
	27.860		27.860

In Ihrem Geschäftsfreundebuch werden die einzelnen Beträge auf dem Forderungskonto auf die verschiedenen Kundenkonten aufgeteilt:

Debitor-Kundenkonto: 10000 Fa. Schmitz, Musterstr. 13, Musterstadt				
Datum	Beleg	Buchungstext	Betrag	
			Soll	Haben
01.11.		Saldovortrag aus dem Vormonat	8.750	
05.11.	BA 241	Überweisung		8.750
15.11.	AR 1201	Verkauf auf Ziel	5.960	
18.11.	BA 261	Überweisung		5.870
21.11.	AR 1259	Verkauf auf Ziel	4.950	
24.11.	BA 275	Verrechnungs-scheck		3.120
Summe:			19.660	17.740
Saldo:			1.920	
Debitor-Kundenkonto: 10001 Fa. Mayer, Beispielweg 25a, Beispielstadt				
Datum	Beleg	Buchungstext	Betrag	
			Soll	Haben
01.11.		Saldovortrag aus dem Vormonat	1.520	
02.11.	AR 1113	Verkauf auf Ziel	2.900	
08.11.	AR 1120	Verkauf auf Ziel	3.780	
13.11.	BA 256	Verrechnungs-scheck		1.500
17.11.	BA 260	Überweisung		900
Summe:			8.200	2.400
Saldo:			5.800	

Der Abschluss der Personenkonten, die außerhalb der eigentlichen Buchhaltung angesiedelt sind, ist relativ einfach und erfolgt durch Einsetzen des Saldos auf der kleineren Kontoseite. Wie bei allen Eintragungen, die auf den Personenkonten vorgenommen werden, erfolgt auch hier keine Gegenbuchung. Am Jahresanfang (bei jährlichem Abschluss) beziehungsweise am Monatsanfang (bei monatlichem Abschluss) wird der Anfangsbestand ebenso ohne Gegenbuchung auf den einzelnen Personenkonten wieder vorgetragen, und zwar die Kundenforderungen im Soll und die Lieferantenschulden im Haben.
Nachdem alle Debitorenkonten abgeschlossen wurden (dies können Sie monatlich, vierteljährlich oder auch nur einmal im Jahr durchführen), werden diese in einer so genannten Saldenliste aufaddiert.
Saldenliste der Debitorenkonten

2400/10000	Fa. Schmitz, Musterstadt	1.920
2400/10001	Fa. Mayer, Beispielstadt	5.800
2400	Forderungen aus Lieferungen und Leistungen	7.720

Sie sehen, dass die Summe der Saldenliste der Debitorenkonten identisch ist mit dem Saldo des Sachkontos »Forderungen aus Lieferungen und Leistungen (Ford. a. L.+L.)« im Hauptbuch.

Entsprechend wird bei der Aufschlüsselung der Kreditoren verfahren. Die Saldenliste der Kreditorenkonten muss dem Saldo des Sachkontos »Verbindlichkeiten aus Lieferungen und Leistungen (Verb. a. L.+L.)« entsprechen. Ist diese Übereinstimmung nicht gegeben, sind gegebenenfalls Buchungsfehler aufgetreten und zu klären beziehungsweise unterlassene Buchungen nachzuholen.
Zum Jahresende werden die Beträge der Saldenlisten der Debitoren und Kreditoren, meistens in Abstimmung mit den Kunden und

Lieferanten, in das Inventar (Einzelsalden) und in die Schlussbilanz (Salden der Hauptkonten) übernommen.
Das Geschäftsfreundebuch gehört zur ordnungsmäßigen Buchführung und erleichtert Ihnen als Kaufmann den Überblick über den aktuellen Forderungs- und Schuldenstand bei jedem einzelnen Kunden und Lieferanten. Es wird neben der eigentlichen Buchhaltung als zusätzliches Nebenbuch geführt und schlüsselt die in den Konten »Forderungen a. L.+L.« sowie »Verbindlichkeiten a. L.+L.« enthaltenen Gesamtsummen auf.

Zusammenfassung

Zusammenfassend bleibt festzuhalten, dass das Charakteristikum der doppelten Buchführung

- ❑ in der Aufzeichnung und Buchung aller Geschäftsvorfälle in zeitlicher und sachlicher Hinsicht liegt,
- ❑ dass bei jeder Buchung mindestens zwei Konten angesprochen werden, wobei auf dem einen Konto im Soll und auf dem anderen Konto im Haben gegengebucht wird,
- ❑ dass zwei Ebenen von Konten, nämlich die Bestands- und Erfolgskonten, angesprochen werden
- ❑ und der Gewinn somit in doppelter Hinsicht ermittelt wird (einmal über den Betriebsvermögensvergleich in der Bilanz und zum anderen über die Gegenüberstellung von Erlösen und Kosten in der G+V).

Ohne Rücksicht auf das jeweils verwendete Buchführungssystem liegt eine ordnungsgemäß geführte Buchführung erst dann vor, wenn

- ❑ alle baren und nicht baren (= unbaren) Geschäftsvorfälle in einem oder mehreren Grundbüchern fortlaufend und in zeitlicher Reihenfolge erfasst werden,
- ❑ ein Kontokorrentbuch vorhanden ist und auch fortlaufend geführt wird,

- mindestens einmal im Jahr eine körperliche Bestandsaufnahme (= Inventur) durchgeführt wird,
- im Falle von Bareinnahmen und Barausgaben ein separates Kassenbuch geführt wird.

Sofern Sie der Verpflichtung zur Führung von Büchern nach dem Handelsgesetzbuch (HGB) unterliegen, kann ich Ihnen nur ans Herz legen, mindestens die zuvor genannten vier Punkte zu erfüllen. Anderenfalls verstoßen Sie gegen die Aufzeichnungspflichten mit der Folge, dass keine Buchführung vorliegt. Da aber die Buchführung unter anderem die Grundlage für die Besteuerung bildet, wird das Finanzamt bei Nichtvorhandensein einer ordnungsgemäßen Buchführung die Grundlagen für die Besteuerung notfalls schätzen müssen. Sie können sich sicherlich vorstellen, dass für Sie eine Schätzung durch das Finanzamt nur von Nachteil sein kann.
Bevor wir zum nächsten Kapitel kommen, sollten Sie noch wissen, dass Sie sowohl nach Handels- als auch nach Steuerrecht die Verpflichtung haben, Bücher und Aufzeichnungen sowie andere Geschäftspapiere für eine bestimmte Zeit aufzubewahren. So sind Eröffnungsbilanzen, Jahresabschlüsse (= Bilanz und GuV-Rechnung), Handelsbücher und Inventare, Buchungsbelege und sonstige für die Besteuerung wichtige Belege zehn Jahre aufzubewahren. Die Zeitrechnung der Aufbewahrungsfrist beginnt allerdings erst mit Ablauf des Jahres, in dem die letzte Eintragung in das Buch gemacht, das Inventar aufgestellt, der Jahresabschluss festgestellt oder der Buchungsbeleg entstanden ist.

z.B. Sie haben als Geschäftsjahr das Kalenderjahr gewählt mit der Folge, dass Sie erst im Jahre 2007 die Buchführung des Jahres 2006 abschließen und den Jahresabschluss aufstellen können. Nehmen wir an, dass Ihr Jahresabschluss am 31.3.2007 fertig ist, so beginnt die Aufbewahrungsfrist vom 31.12.2007 an zu laufen. Da sie zehn Jahre beträgt, können Sie diese Unterlagen frühestens am 01.01.2017 vernichten.

3.

Mit der Inventur fängt alles an!

Ohne eine genaue Bestandsaufnahme des gesamten Vermögens und der Schulden ist weder ein Betriebsvermögensvergleich durchführbar, noch kann der Jahresgewinn ermittelt werden. Jährlich stattfindende Bestandsaufnahmen sind für die vollständige Erfassung und die sachgemäße Bewertung der Wirtschaftsgüter und damit für die steuerrechtliche Gewinnermittlung unentbehrlich. Deshalb schreibt der Gesetzgeber vor, dass ein Kaufmann nicht nur zu Beginn seiner gewerblichen Tätigkeit dazu verpflichtet ist, seine gesamten Vermögensgegenstände und Schulden körperlich aufzunehmen (also Inventur zu machen), sondern dies zukünftig auch zum Ende eines jeden Geschäftsjahres vornehmen muss, wobei die Dauer des Geschäftsjahres zwölf Monate nicht überschreiten darf.

> **!** Gemäß Paragraf 240 HGB hat jeder Kaufmann zu Beginn seines Handelsgewerbes seine Grundstücke, seine Forderungen und Schulden, den Betrag seines baren Geldes sowie seine sonstigen Vermögensgegenstände genau zu verzeichnen und dabei den Wert der einzelnen Vermögensgegenstände und Schulden anzugeben.

Außerdem ist eine Inventur im Falle der Auflösung oder Veräußerung des Unternehmens durchzuführen. Als Inventur bezeichnet man die Aufnahme und Feststellung der einzelnen Vermögenswerte und Schulden zu einem bestimmten Stichtag. Körperlich aufnehmen kann man aber nur das, was man auch mit den Händen anfassen kann, also zum Beispiel Maschinen, Kraftfahrzeuge, Büro- und Geschäftsausstattung, Bargeld in der Kasse, Vorräte und so weiter. Diese Vermögensgegenstände können durch Messen, Wiegen oder Zählen genau erfasst werden.

Wie steht es aber mit den Vermögensgegenständen, die man nicht greifen kann, zum Beispiel Bankguthaben, Darlehensschulden, Forderungen, Wertpapiervermögen und so weiter? Diese kann man weder wiegen noch zählen oder messen. Für den Nachweis dieser »unkörperlichen« Vermögensgegenstände reichen in der Regel entsprechende Belege und Unterlagen aus. So lassen sich Bankguthaben und

Darlehensschulden durch entsprechende Kontoauszüge der Bank belegen, das Wertpapiervermögen lässt sich durch einen Depotauszug nachweisen, Forderungen und Verbindlichkeiten durch Einholung von Saldenbestätigungen abgleichen.

! Die Inventur sollten Sie sehr ernst nehmen, weil sie die eigentliche Grundlage sowohl für das Inventar als auch die darauf aufbauende Bilanz ist.

Sie müssen sich vorstellen, dass etwas erst dann »bewertet«, das heißt in Geld ausgedrückt werden kann, wenn es zuvor als tatsächlich vorhanden festgestellt wurde. Am besten ist es, wenn Sie sich vor der eigentlichen Inventurdurchführung zuerst einmal einen Inventurplan erstellen, der neben der Einholung von Informationen über die körperlich aufzunehmenden Unternehmensbereiche auch die Entwicklung einer Strategie, die Einteilung der gesamten Inventurarbeiten in einzelne Komponenten, die Bestimmung von Art und Umfang der vorzunehmenden Inventurhandlungen und den zeitlichen und quantitativen Mitarbeitereinsatz umfassen sollte. Damit haben Sie zumindest einigermaßen sichergestellt, dass die Inventur zum vorgesehenen Zeitpunkt beginnen kann, mit den jeweiligen Anforderungen entsprechend qualifizierten Mitarbeitern besetzt ist, ordnungsgemäß durchgeführt und zeitgerecht abgeschlossen wird.
Achten Sie darauf, dass keine Waren doppelt aufgenommen werden (das kann zum Beispiel dann passieren, wenn die Vermögensgegenstände nicht in der Reihenfolge ihrer Lagerung aufgenommen werden, sondern eine so genannte »Sprunginventur« durchgeführt wird) und dass in Ihrem Betrieb befindliche Fremdbestände, zum Beispiel Kommissionsware, als solche besonders gekennzeichnet und nicht inventarisiert werden. Außerdem sind organisatorische Vorbereitungen zu treffen: Es sollten in ausreichender Zahl nummerierte Aufnahmeblocks, Stifte (am besten Kugelschreiber; keine Bleistifte), Klebezettel zur Kennzeichnung des aufgenommenen Materials, geeignete Messgeräte und Waagen zur Verfügung stehen.

In den Inventuraufnahmebogen sollten ausschließlich fortlaufende Eintragungen vorgenommen werden; Leerzeilen sowie frei gebliebene Bereiche sind als solche zu markieren. Sämtliche Erfassungsbögen sind vom aufnehmenden Personal eigenhändig zu unterschreiben.
Als sinnvoll hat sich in der Praxis erwiesen, bereits bei der körperlichen Bestandsaufnahme sämtliche nicht mehr gängigen, veralteten, falsch dimensionierten, beschädigten, unbrauchbaren oder zu verschrottenden Warenbestände und -vorräte als solche separat in den Aufnahmebögen zu kennzeichnen.
Sie können sich sicherlich vorstellen, dass es eine Menge Arbeit bedeutet, wenn jedes Jahr sämtliche Vermögensgegenstände und Schulden einzeln aufgenommen werden müssen. Deshalb hat der Gesetzgeber ausschließlich für das *Vorratsvermögen* bestimmte Erleichterungen zugelassen:

Erlaubte Inventurverfahren beim Vorratsvermögen

- ❑ Stichtagsinventur
- ❑ verlegte Inventur
- ❑ permanente Inventur
- ❑ Stichprobeninventur mithilfe mathematisch-statistischer Methoden

Stichtagsinventur

Die Stichtagsinventur wird auch »zeitnahe körperliche Bestandsaufnahme« genannt. Zeitnah heißt in diesem Zusammenhang, dass sie nicht genau am Bilanzstichtag (zum Beispiel 31.12.) erfolgen muss, sondern bis zu zehn Tage vor- oder nachher durchgeführt werden kann. Ist der 31.12.2007 der Bilanzstichtag, kann die körperliche Bestandsaufnahme in der Zeit vom 21.12.2007 bis zum 10.01.2008 stattfinden. Finden in der Zeit zwischen Bilanzstichtag und Aufnahmetag noch Zu- oder Abgänge statt, müssen diese anhand von Belegen sowohl mengen- als auch wertmäßig auf den Bilanzstichtag fortgeschrieben oder zurückgerechnet werden.

z.B. Am 05.01.2007 ergab die körperliche Bestandsaufnahme, dass sich vom Artikel Y noch insgesamt 170 Stück auf Lager befanden (der Wert beläuft sich auf 170 × 22,50 = 3.825 Euro). Zwischen dem 31.12.2006 (= Bilanzstichtag) und dem 05.01.2007 sind noch 50 Stück vom Artikel Y zu einem Preis von 20 Euro je Stück bestellt und geliefert worden.

Lagerbestand am 05.01.2007	170 Stück à 22,50 Euro	= 3.825 Euro
– Bestellung von 50 Stück à 20 Euro		= 1.000 Euro
= Lagerbestand am 31.12.2006	120 Stück à 23,54 Euro	= 2.825 Euro

Verlegte Inventur

Bei der verlegten Inventur können die Vermögensgegenstände sogar in der Zeit zwischen den letzten drei Monaten vor oder den ersten zwei Monaten nach dem Bilanzstichtag aufgenommen werden. Ist der 31.12.2007 der Bilanzstichtag, kann die körperliche Bestandsaufnahme in der Zeit von 01.10.2007 bis 28.02.2008 stattfinden. Finden in der Zeit zwischen Bilanzstichtag und Aufnahmetag noch Zu- oder Abgänge statt, müssen diese auf den Bilanzstichtag nur wertmäßig fortgeschrieben oder zurückgerechnet werden; insofern genügt die Feststellung des Gesamtwertes des Bestands vom Bilanzstichtag. Eine verlegte Inventur kommt allerdings nicht in Betracht, wenn bei den Beständen durch Schwund, Verdunsten, Verderb, leichte Zerbrechlichkeit oder ähnliche betriebliche Vorgänge ins Gewicht fallende nicht kontrollierbare Abgänge eintreten (könnten). Weiterhin darf für Wirtschaftsgüter, die besonders wertvoll sind, keine permanente Inventur durchgeführt werden.

Permanente Inventur

Werden Art und Menge eines Artikels buchmäßig zum Beispiel in einer Lagerkartei erfasst, kann der Bestand dieses Artikels für die Inventur aus den Buchungsunterlagen zum Bilanzstichtag herangezogen werden. Dazu ist es aber erforderlich, dass separat für jeden Artikel sämtliche Mengenbewegungen (das heißt Zu- und Abgänge) fortlaufend und vollständig erfasst werden und mindestens einmal im Geschäftsjahr eine Kontrolle des Buchbestandes mit dem tatsächlichen Istbestand stattfindet.

Die permanente Inventur eignet sich vor allem für solche Unternehmen, die nicht sämtliche Artikel an einem einzigen Tag aufnehmen, sondern die körperliche Bestandsaufnahme auf das gesamte Geschäftsjahr verteilen möchten. Wichtig ist nur, dass sämtliche Artikel wenigstens einmal im Jahr körperlich aufgenommen werden und der Istbestand dem Buchbestand entsprechend angepasst wird. Ebenso wie die verlegte Inventur ist eine permanente (= dauernde) Inventur nicht zulässig bei Beständen, bei denen durch Schwund, Verdunsten, Verderb, leichte Zerbrechlichkeit oder ähnliche betriebliche Vorgänge ins Gewicht fallende nicht kontrollierbare Abgänge eintreten (könnten), es sei denn, dass diese Abgänge aufgrund von Erfahrungssätzen schätzungsweise annähernd genau berücksichtigt werden können. Weiterhin darf keine permanente Inventur bei besonders wertvollen Wirtschaftsgütern durchgeführt werden.

4.

Von der Inventur über das Inventar zur ersten Bilanz

Die Überleitung von der körperlichen Bestandsaufnahme (= Inventur) zum Inventar erfolgt durch Eintragung in ein besonderes Verzeichnis, das Inventar (häufig auch »Bestandsverzeichnis« genannt). Das Inventar erfasst jeden tatsächlich vorhandenen Vermögens- und Schuldposten eines Unternehmens einzeln nach Art, Menge und Wert zum Abschlussstichtag. Es dient in erster Linie zur Ermittlung des Eigenkapitals, das auch Betriebsvermögen genannt wird. Dazu ist es erforderlich, die Schulden vom gesamten Vermögensbestand zu subtrahieren. Die *Inventur* ist demnach die Tätigkeit, durch welche die Vermögensgegenstände und Schulden im Einzelnen körperlich aufgenommen werden, das *Inventar* stellt das Verzeichnis über das Ergebnis der Inventur dar.

Summe der Vermögensposten
– Summe der Schulden
= Eigenkapital

Damit die Vermögens- und Schuldposten für jeden Außenstehenden nachvollziehbar sind und auch bleiben, werden sämtliche im Inventar zu verzeichnenden Posten zuerst in eine gewisse Ordnung gebracht. Das Vermögen wird vorrangig in Anlage- und Umlaufvermögen unterteilt, die Schulden in lang- und kurzfristige Schulden.

A. Vermögen
I. Anlagevermögen: alle Vermögensteile, die dazu bestimmt sind, langfristig im Unternehmen zu verbleiben
II. Umlaufvermögen: sämtliche Vermögensgegenstände, die nur kurzfristig im Unternehmen verbleiben
B. Schulden
I. Lang- und mittelfristige Schulden: alle Schulden mit einer Restlaufzeit von mehr als einem Jahr
II. Kurzfristige Schulden: alle Schulden mit einer Restlaufzeit von bis zu einem Jahr

Sie unterscheiden in Anlage- oder Umlaufvermögen, indem Sie sich bei jedem einzelnen Vermögensposten fragen: »Ist der Vermögensgegenstand dazu bestimmt, meinem Unternehmen langfristig (also länger als ein Jahr) zu dienen?« Immer dann, wenn ein Vermögensgegenstand länger als ein Jahr im Unternehmen verbleiben soll, ist er dem Anlagevermögen zugehörig, ansonsten zählt er zum Umlaufvermögen. Innerhalb des Anlage- und Umlaufvermögens selber werden die einzelnen Vermögensgegenstände nochmals nach dem »Grad der Verflüssigungsmöglichkeit« unterteilt, also danach, wie schnell sie zu Geld gemacht werden können.

Zum **Anlagevermögen** gehören:

- ❑ Grundstücke
- ❑ Geschäftsgebäude
- ❑ Fabrikationsgebäude
- ❑ Lagerhallen
- ❑ Produktionsmaschinen
- ❑ Fahrzeuge
- ❑ Betriebs- und Geschäftsausstattung (zum Beispiel Schreibtisch, Computer und so weiter)
- ❑ Wertpapiere zum langfristigen Verbleib

Zum **Umlaufvermögen** gehören:

- ❑ Roh-, Hilfs- und Betriebsstoffe
- ❑ unfertige Erzeugnisse
- ❑ Fertigerzeugnisse
- ❑ Kundenforderungen
- ❑ Wertpapiere zum kurzfristigen Verbleib
- ❑ Bankguthaben
- ❑ Bargeldbestand

Langfristige Schulden stellen in der Regel nur Hypotheken-, Grund- und Darlehensschulden dar. Lieferantenschulden, Bankschulden und Schulden gegenüber dem Finanzamt zählen zu den kurzfristigen Schuldposten. Die Klassifizierung der Schulden erfolgt somit nach dem Fälligkeitskriterium. Die Schulden, die als Nächstes fällig sind, werden im Inventar demnach zuletzt aufgeführt.
Sie sollten darauf achten, Ihr Inventar so anzulegen, dass eine Überprüfung der Mengen und der angesetzten Werte jederzeit möglich ist. Dazu müssen über jeden einzelnen Posten im Bestandsverzeichnis folgende Angaben enthalten sein:

- die Menge nach Maß, Zahl oder Gewicht,
- eine allgemein verständliche Bezeichnung der Vorräte (Art, Artikelnummer, Größe),
- der Wert der Maßeinheit,
- der Gesamtwert der jeweiligen Vorräte unter Berücksichtigung der Menge,
- die Gesamtsumme des Wertes des gesamten Vorratsbestandes.

Beispiel für die Aufstellung eines Inventars:

Inventar der Firma Lutz Hastig, Aldenhoven, zum 31.12.2006

A. Vermögen	Euro	Euro
I. Anlagevermögen		
1. Grundstück, Aachener Str. 111		
Grund und Boden	56.180,00	
Bürogebäude für die Verwaltung	300.000,00	
Produktionsgebäude	210.000,00	
Lagerhalle	26.730,00	
Garagen für Lkw	15.800,00	608.710,00
2. Maschinen gem. Anlageverzeichnis 1		230.130,00
3. Fuhrpark gem. Anlageverzeichnis 2		85.700,00
4. Betriebs- u. Geschäftsausst. gem. AV 3		380.900,00

II. Umlaufvermögen		
1. Vorräte gem. Inventurliste 4		40.000,00
2. Kundenforderungen		
Fa. Lustig, Euskirchen	20.000,00	
Fa. Ehrlich, Köln	15.000,00	
Fa. Geizig, Amsterdam	8.500,00	43.500,00
3. Bargeldbestand gem. Kassenprotokoll 1		2.300,17
4. Bankguthaben		
Deutsche Bank, Aachen	230,85	
Sparkasse, Aldenhoven	5.612,78	
Postgirokonto, Köln	2.533,60	8.377,23
Summe des Vermögens		1.399.617,40

B. Schulden		
I. Langfristige Schulden		
1. Grundschuld der Sparkasse Aldenhoven	180.000,00	
2. Grundschuld der Deutschen Bank, Aachen	150.000,00	330.000,00
II. Kurzfristige Schulden		
1. Bankschulden Commerzbank, Aachen		127.242,40
2. Lieferantenschulden		
Fa. Schnell, Aachen	50.000,00	
Fa. Langsam, Köln	38.500,00	
Fa. Eilig, Aldenhoven	25.875,00	114.375,00
3. Umsatzsteuerschuld, Finanzamt Düren, für Dezember 2006		3.000,00
Summe der Schulden		574.617,40

C. Eigenkapital	
Summe des Vermögens	1.399.617,40
– Summe der Schulden	574.617,40
Eigenkapital (= Reinvermögen)	825.000,00

Bei der Inventur werden die Vermögens- und Schuldposten durch Zählen, Messen oder Wiegen nur körperlich aufgenommen. Beim Inventar werden diese aufgenommenen Gegenstände bewertet, das heißt in Geld ausgedrückt. Anhaltspunkte für die preisliche Bewertung ergeben sich aus Eingangsrechnungen, Preislisten oder Auftragsbestätigungen. Bei hochwertigen oder starken Preisschwankungen unterliegenden Materialien empfiehlt es sich, zusätzliche Informationen einzuholen (zum Beispiel von Warenbörsen oder von der Industrie- und Handelskammer). Bei wegen Überalterung oder Beschädigungen nicht mehr voll verwertbaren Vorratsbeständen sollten Sie Risiko- beziehungsweise Wertabschläge in Betracht ziehen.
Besondere Aufmerksamkeit verdient ein in der Praxis häufig vorzufindendes Problem: die periodengleiche Erfassung der Vorräte sowie der Forderungen und Verbindlichkeiten. Unterlaufen Ihnen hierbei Fehler, so führt dies zu einer fehlerhaften Periodenabgrenzung mit der Folge, dass Forderungen und Verbindlichkeiten unvollständig erfasst sind und das Eigenkapital falsch ausgewiesen wird.
Hierbei können folgende Fehler auftreten:

- Verkaufsfertige Ware ist bereits als Forderung gebucht, obwohl die Ware Ihr Lager noch nicht verlassen hat und demzufolge mit inventarisiert wurde. Dieselbe Ware wurde also doppelt aktiviert (einmal als Forderung a. L.+L. und zum anderen als Vorräte) und somit fällt das **Ergebnis** insgesamt **zu hoch** aus.
- Es kann aber auch der umgekehrte Fall eintreten: Die Ware wurde vor dem Inventurzeitpunkt ausgeliefert, jedoch ist wegen fehlender Rechnungsschreibung noch keine Forderung gebucht. Das **Ergebnis** fällt **zu niedrig** aus.

Speziell bei den unfertigen Erzeugnissen, die in den Bereich des Vorratsvermögens (= Umlaufvermögens) gehören, kann die für die Bewertung bedeutsame Schätzung des Fertigungsgrades zu großen Schwierigkeiten führen. Voraussetzung für die richtige Bewertung ist eine funktionierende Kostenrechnung, welche die Einzelkosten verursachungsgerecht und die Gemeinkosten mittels bestimmter Schlüsselumlagen über den Betriebsabrechnungsbogen auf die Kostenträger verrechnet.

Bei der Bilanzierung ist allerdings darauf zu achten, dass alle kalkulatorischen Kosten wie kalkulatorische Miete, kalkulatorischer Unternehmerlohn und so weiter, Kostenüber- und Kostenunterdeckungen sowie etwaige Vertriebskosten nicht in die Herstellungskosten einbezogen werden.
Wie Sie gesehen haben, sind im Inventar sämtliche Vermögensgegenstände und Schulden einzeln nach Art, Menge und Wert erfasst und dargestellt. Bei größeren Unternehmen kann dabei die Übersichtlichkeit sehr schnell verloren gehen, zum Beispiel bei einem großen Maschinenpark. Deshalb gilt:

Gemäß Paragraf 241 HGB muss jeder Kaufmann zu Beginn seines Handelsgewerbes und für den Schluss eines jeden Geschäftsjahres einen das Verhältnis seines Vermögens und seiner Schulden darstellenden Abschluss (Eröffnungsbilanz, Bilanz) aufstellen.

Die Bilanz übernimmt im Wesentlichen sämtliche relevanten Daten aus dem zuvor erstellten Inventar und stellt insoweit eine gekürzte Form dar, wobei die Zahlen einer Bilanz nicht unter-, sondern nebeneinander geschrieben werden. Das zuvor aufgestellte Inventar hat dabei folgendes »Bilanzaussehen«:

A	Bilanz zum 31.12.2006		P
I. Anlagevermögen		I. Eigenkapital	825.000,00
1. Grundstücke und Gebäude	608.710,00	II. Fremdkapital	
2. Maschinen	230.130,00	1. Verb. Gegenüber Kreditinst.	457.242,40
3. Fuhrpark	85.700,00	2. Verb. Aus L.+L.	114.375,00
4. Betriebs- und Geschäftsausstg.	380.900,00	3. sonstige Verbindlichkeiten	3.000,00
II. Umlaufvermögen			
1. Vorräte	40.000,00		
2. Forderungen aus L.+L.	43.500,00		
3. Kasse	2.300,17		
4. Bank	8.377,23		
Summe	1.399.617,40	Summe	1.399.617,40

Kurze Erläuterungen zum Umgang mit einer Bilanz:

A	Bilanz zum 31.12.2006 P
I. Anlagevermögen	I. Eigenkapital
II. Umlaufvermögen	II. Fremdkapital

Linke Seite	rechte Seite
Mittelverwendung	Mittelherkunft
❑ Vermögensformen	❑ Vermögensquellen
❑ Aktiva	❑ Passiva
❑ Anlage- und Umlaufvermögen	❑ Eigen- und Fremdkapital
❑ Gliederung nach der Verflüssigungsmöglichkeit	❑ Gliederung nach der Fälligkeit

Das Eigenkapital spiegelt immer die Differenz sämtlicher Aktivawerte (= auf der linken Seite der Bilanz) und des Fremdkapitals (= auf der rechten Seite der Bilanz) wider. Aus diesem Grunde weisen beide Seiten der Bilanz immer dieselbe Summe aus. Das Wort Bilanz wurde aus dem Italienischen abgeleitet: *bilancia* heißt Waage. Es weist darauf hin, dass sich beide Bilanzseiten die Waage halten, also gleich groß sind. Die »Ausgleichsposition« Eigenkapital entspricht immer dem Betriebsvermögen, das für die steuerliche Gewinnermittlung herangezogen wird (vgl. Gliederungspunkt 2). Spricht man von Aktiva (= linke Seite der Bilanz), so ist damit immer das Anlage- und Umlaufvermögen gemeint. Spricht man von Passiva (= rechte Seite der Bilanz), so ist das Eigen- oder Fremdkapital betroffen.

Einen Posten aktivieren heißt, ihn auf die Aktivseite, einen Posten passivieren heißt, ihn auf die Passivseite der Bilanz setzen. Die Bilanz gibt dem Leser sofort einen Überblick darüber, aus welchen Quellen das Kapital stammt und in welche Vermögensgegenstände das Kapital investiert worden ist. Die Quellen des Kapitals nennt man auch Mittelherkunft (= Eigen- und Fremdkapital), die Verwendung und

Anlagemöglichkeiten des Kapitals werden auch als Mittelverwendung (= Anlage- und Umlaufvermögen) bezeichnet.
Auf der Aktivseite werden die einzelnen Bilanzpositionen danach unterschieden, wie schnell sie »zu Geld gemacht« werden können. Dass das Bankguthaben und der Kassenbestand schneller »verflüssigt« werden können als zum Beispiel Forderungen oder der Maschinenpark, leuchtet eigentlich jedem ein. Aus diesem Grund werden die Geldmittel und geldähnlichen Mittel in der Bilanz immer zuletzt aufgeführt, die Vermögensgegenstände, die am schwierigsten in Geld umgewandelt werden können, dagegen zuerst. Das Finden eines Käufers für ein Grundstück nimmt sicherlich mehr Zeit in Anspruch, als den passenden Käufer für Ihr Vorratsvermögen zu finden.
Eigentlich hätte man auf der Aktivseite ohne weitere Unterteilung alle Bilanzpositionen chronologisch untereinander schreiben können. Doch die gesamte Mittelverwendung wird nochmals danach unterschieden, ob die Vermögensgegenstände dauernd (das heißt für länger) oder für kürzere Zeit im Unternehmen verbleiben. Sämtliche Vermögensgegenstände, die eine gewöhnliche Nutzungsdauer von mehr als einem Kalenderjahr aufweisen, werden dem Anlagevermögen zugerechnet, alle übrigen dem Umlaufvermögen.
Bei der Mittelherkunft werden ähnliche Überlegungen wie zuvor angestellt. Beim Eigen- und Fremdkapital wird insofern nach der Fälligkeit gegliedert, als das Kapital, welches am längsten im Unternehmen verbleibt (nämlich das Eigenkapital), zuerst aufgeführt wird, während das, was in kürzester Zeit fällig wird (= zurückgezahlt werden muss), zuletzt in der Bilanz erscheint. Kurzfristige Verbindlichkeiten (zum Beispiel sonstige Verbindlichkeiten sowie Verbindlichkeiten aus Lieferungen und Leistungen) weisen eine kürzere Fälligkeit auf als beispielsweise über mehrere Jahre laufende Bankdarlehen. Dabei üben die Verbindlichkeiten gegenüber Kreditinstituten eine gewisse Doppelfunktion aus. In ihnen sind sowohl kurzfristige (zum Beispiel Kontokorrentschulden = Bankschulden) als auch langfristige Fälligkeitsbeträge (mit Grundschulden abgesicherte Darlehen) in einer Summe zusammengefasst.

Zusammenfassung

Die körperliche Aufnahme aller Vermögensgegenstände und Schulden (= Inventur) bildet die Basis für die Aufstellung eines Inventars. Auf das Inventar wiederum baut die Bilanz auf. Diese stellt eine »abgespeckte« Version des Inventars dar. Sowohl Inventar als auch Bilanz sind betragsmäßig deckungsgleich, sie unterscheiden sich lediglich in ihrer Darstellungsform und Aussagekraft. Hauptanliegen einer Bilanz ist es, den Leser möglichst vollständig, übersichtlich und nach einheitlichen Gliederungsgrundsätzen über die Vermögenszusammensetzung und den Kapitalaufbau zu unterrichten. Dafür ist es wichtig, dass Bilanzen klar, übersichtlich und einheitlich gegliedert sind, um sowohl einen Zeitvergleich (= Vergleich zweier Geschäftsjahre eines Unternehmens) als auch einen Betriebsvergleich (= Vergleich zweier Unternehmen eines Geschäftsjahres) vornehmen zu können.

Inventar	**Bilanz**
❏ separate Darstellung aller Vermögens- und Schuldposten	❏ Zusammenfassung zu einzelnen Bilanzpositionen
❏ genaue Aufzeichnungen bezüglich Mengen, Einzel- und Gesamtwerten	❏ nur Gesamtwerte werden ausgewiesen
❏ Darstellung erfolgt untereinander (= Staffelform)	❏ Darstellung erfolgt nebeneinander (= Kontenform)

Genau wie das Inventar innerhalb eines Geschäftsjahres (mit höchstens zwölf Kalendermonaten Laufzeit) einmal erstellt werden muss, muss auch die Bilanz innerhalb der einem ordnungsgemäßen Geschäftsgang entsprechenden Zeit aufgestellt werden. Für steuerliche Zwecke ist es durchaus ausreichend, wenn die Bilanz innerhalb von sechs bis sieben Monaten nach dem Bilanzstichtag fertig gestellt ist; sie muss allerdings spätestens innerhalb eines Jahres nach dem Bilanzstichtag erstellt werden, da ansonsten die Grundsätze ordnungsmäßiger Buchführung nicht mehr gewahrt sind.
Im Folgenden finden Sie eine Mustervorlage, wie eine Bilanz aussehen sollte (die dabei vorgenommene Untergliederung gilt für große Kapi-

talgesellschaften, kann aber auch von kleineren Nichtkapitalgesellschaften verwendet werden). Die Bilanzpositionen, die Sie in Ihrem Unternehmen nicht benötigen, streichen Sie einfach und behalten dabei die Nummerierung entsprechend der Musterbilanz bei.

A	Bilanz zum 31.12.2006 P
A. Anlagevermögen	A. Eigenkapital
I. immaterielle Vermögensgegenstände	I. gezeichnetes Kapital
1. Konzessionen, gewerbliche Schutzrechte und ähnliche Rechte und Werte sowie Lizenzen an solchen Rechten und Werten	II. Kapitalrücklage
2. Geschäfts- oder Firmenwert	III. Gewinnrücklage
3. geleistete Anzahlungen	1. gesetzliche Rücklage
II. Sachanlagen	2. Rücklage für eigene Anteile
1. Grundstücke, grundstücksgleiche Rechte und Bauten einschließlich der Bauten auf fremden Grundstücken	3. satzungsmäßige Rücklagen
2. technische Anlagen und Maschinen	4. andere Gewinnrücklagen
3. andere Anlagen, Betriebs- und Geschäftsausstattung	IV. Gewinnvortrag / Verlustvortrag
4. geleistete Anzahlungen und Anlagen im Bau	V. Jahresüberschuss / Jahresfehlbetrag
III. Finanzanlagen	B. Rückstellungen
1. Anteile an verbundenen Unternehmen	1. Rückstellungen für Pensionen und ähnliche Verpflichtungen
2. Ausleihungen an verbundene Unternehmen	2. Steuerrückstellungen
3. Beteiligungen	3. sonstige Rückstellungen
4. Ausleihungen an Unternehmen, mit denen ein Beteiligungsverhältnis besteht	C. Verbindlichkeiten
5. Wertpapiere des Anlagevermögens	1. Anleihen, davon konvertibel
6. sonstige Ausleihungen	2. Verbindlichkeiten gegenüber Kreditinstituten
B. Umlaufvermögen	3. erhaltene Anzahlungen auf Bestellungen
I. Vorräte	4. Verbindlichkeiten aus Lieferungen und Leistungen

1. Roh-, Hilfs- und Betriebsstoffe	5. Verbindlichkeiten aus der Annahme gezogener Wechsel und der Ausstellung eigener Wechsel
2. unfertige Erzeugnisse, unfertige Leistungen	6. Verbindlichkeiten gegenüber verbundenen Unternehmen
3. fertige Erzeugnisse und Waren	7. Verbindlichkeiten gegenüber Unternehmen, mit denen ein Beteiligungsverhältnis besteht
4. geleistete Anzahlungen	8. sonstige Verbindlichkeiten – davon aus Steuern – davon im Rahmen der sozialen Sicherheit
II. Forderungen und sonstige Vermögensgegenstände	D. Rechnungsabgrenzungsposten
1. Forderungen aus Lieferungen und Leistungen	
2. Forderungen gegen verbundene Unternehmen	
3. Forderungen gegen Unternehmen, mit denen ein Beteiligungsverhältnis besteht	
4. sonstige Vermögensgegenstände	
III. Wertpapiere	
1. Anteile an verbundenen Unternehmen	
2. eigene Anteile	
3. sonstige Wertpapiere	
IV. Kassenbestand, Bundesbankguthaben, Guthaben bei Kreditinstituten und Schecks	
C. Rechnungsabgrenzungsposten	

5.

Auflösung der Bilanz in verschiedene Konten

Theoretisch müssten Sie nach jedem Geschäftsvorfall eine neue Bilanz erstellen. Das ist aber in der Praxis wegen des hohen Zeitaufwandes nahezu unmöglich. Um jedoch sämtliche Veränderungen der Bilanz erfassen zu können, wird die zu Beginn des Jahres aufgestellte Eröffnungsbilanz »auseinander gezogen«. Eine sachliche Änderung tritt dadurch nicht ein; die Bilanz erhält nur ein anderes äußeres Erscheinungsbild.
Durch das Auseinanderziehen der Bilanz wird es möglich, jeden Bilanzposten einzeln zu führen und auch separat abzurechnen. Die Abrechnung erfolgt durch Saldierung von Eröffnungsbestand plus Zugänge minus Abgänge. Somit wird jeder einzelne Bilanzposten für sich (getrennt von den anderen Posten) buchmäßig fortgeführt. Dabei ist es am zweckmäßigsten, jeden Bilanzposten in Analogie zur Eröffnungsbilanz in Kontenform weiterzuführen. Somit stellt in der doppelten Buchführung das Konto die eigentliche Verrechnungsform für die Buchung der Geschäftsvorfälle im Hauptbuch dar. Genau wie bei der Bilanz werden auf den jeweiligen Unterkonten die Zu- und Abgänge auf zwei verschiedene Kontenseiten nebeneinander dargestellt. In der Fachsprache bezeichnet man dabei die linke Seite als »Sollseite« und die rechte als »Habenseite«.

S	Kassenkonto		H
1.1. AB	3.500,00	2.1. Ausgabe	500,00
2.1. Bareinnahme	2.500,00	4.1. Ausgabe	1.800,00
3.1. Bareinnahme	2.000,00	4.1. Privatentnahme	2.950,00

Was bei dieser Darstellungsform sofort ins Auge fällt, ist, dass die Zugänge getrennt von den Abgängen erfasst und dokumentiert werden. Die äußere Form des Kontos lehnt sich stark an die der Schlussbilanz an. Genau wie bei der Gewinnermittlung in der Schlussbilanz wird auch bei allen Unterkonten die kleinere von der größeren Seite abgezogen, um den Saldo des entsprechenden Kontos zu ermitteln. Erst durch den Saldo werden nämlich Soll- und Habenseite betragsmäßig wieder gleich groß und halten sich damit die Waage.

Das Konto wird durch den Saldo abgeschlossen, das heißt durch den Unterschiedsbetrag zwischen den beiden Seiten des Kontos, der zum Ausgleich auf der kleineren Seite eingesetzt wird. Dabei bedeutet »saldieren« immer die Ermittlung des Unterschieds zwischen der Soll- und der Habenseite.
Auf unser obiges Beispiel bezogen bedeutet das:

S	Kassenkonto		H
1.1. AB	3.500,00	2.1. Ausgabe	500,00
2.1. Bareinnahme	2.500,00	4.1. Ausgabe	1.800,00
3.1. Bareinnahme	2.000,00	4.1. Privatentnahme	2.950,00
Summe	8.000,00	Summe	5.250,00

Der Saldo des Kassenkontos beträgt in unserem Beispiel 2.750 Euro (8.000 Euro – 5.250 Euro). Der Saldo macht beide Seiten betragsmäßig wieder identisch; deshalb muss er hier auf der Habenseite stehen.
Wie aber geht man bei der Auflösung der Bilanz in verschiedene Unterkonten am besten vor?

z.B.

A	Bilanz zum 31.12.2007		P
A. Anlagevermögen		A. Eigenkapital	250.000,00
1. immaterielle Vermögensgegenstände:	100.000,00	B. Fremdkapital	
2. Maschinen	180.000,00	Verbindlichkeiten gegenüber Kreditinstituten	800,00
3. Betriebs- und Geschäftsausstg.	55.000,00	Verbindlichkeiten aus Lieferungen und Leistungen	150.000,00
B. Umlaufvermögen			
Vorräte	20.000,00		
Forderungen aus Lieferungen und Leistungen	135.000,00		
Bankguthaben	5.800,00		
Summe	495.800,00	Summe	495.800,00

Diese Schlussbilanz zum 31.12.2006 muss Anfang des Jahres 2007 wieder in verschiedene Konten »zerlegt« werden. Das erfolgt einfach durch Übernahme der Bilanzwerte auf die zuvor entsprechend eingerichteten Konten.

- ❑ 1. Schritt: Anlegen aller erforderlichen Konten
- ❑ 2. Schritt: Übernahme des Bilanzwertes in das jeweilige Konto
- ❑ 3. Schritt: Kontrolle, ob alle Werte im Soll betragsmäßig mit allen Werten im Haben übereinstimmen

1. Schritt: Anlegen aller erforderlichen Konten

Ähnlich wie die Schlussbilanz eröffnen Sie genauso viele leere Konten, wie die Bilanz Positionen enthält, in unserem Beispiel also neun Konten. (Für Konten, die erst im Laufe des Geschäftsjahres hinzukommen, brauchen Sie zu Beginn des Jahres kein Konto einzurichten.) Diese kennzeichnen Sie auf der linken Seite mit einem S für Soll und auf der rechten Seite mit einem H für Haben und beschriften sie entsprechend den einzelnen Bilanzpositionen in der Schlussbilanz zum 31.12.2006 wie folgt:

S	immaterielle Vermögensgegenstände	H

S	Maschinen	H

S	Betriebs- und Geschäftsausstattung	H

S	Vorräte	H

S	Forderungen aus Lieferungen und Leistungen	H

S	Bankguthaben	H

S	Eigenkapital	H

S	Bankverbindlichkeiten	H

S	Lieferantenverbindlichkeiten	H

2. Schritt: Übernahme des Bilanzwertes in das jeweilige Konto

Die Buchstabenkombination AB (steht als Abkürzung für Anfangsbestand) signalisiert, dass auch tatsächlich nur der Wert der letzten Bilanz auf das jeweilige Konto als Anfangsbestand zu Beginn des Jahres übernommen wird:

S	immaterielle Vermögensgegenstände	H
AB	100.000	

S	Maschinen	H
AB	180.000	

S	Betriebs- und Geschäftsausstattung	H
AB	55.000	

S	Vorräte		H
AB	20.000		

S	Forderungen aus Lieferungen und Leistungen		H
AB	135.000		

S	Bankguthaben		H
AB	5.800		

S	Eigenkapital		H
		AB	250.000

S	Bankverbindlichkeiten		H
		AB	95.800

S	Lieferantenverbindlichkeiten		H
		AB	150.000

3. Schritt: Kontrolle, ob alle Werte im Soll betragsmäßig mit allen Werten im Haben übereinstimmen

Konto	**Betrag**	**Soll**	**Haben**
Immat. VG	100.000	100.000	
Maschinen	180.000	180.000	
Betriebs- und Geschäftsausstattung	55.000	55.000	
Vorräte	20.000	20.000	
Forderungen aus L.+L.	135.000	135.000	
Bankguthaben	5.800	5.800	
Eigenkapital	250.000		250.000
Bankverbindlichkeiten	95.800		95.800
Lieferantenverbindlichkeiten	150.000		150.000
Summe	495.800	495.800	495.800

Im Ergebnis stellt damit die gesamte Buchführung mit ihren Konten eine »zerlegte Bilanz« dar.
Die bisher durchgeführte Auffächerung der Bilanz in verschiedene Konten findet ausschließlich auf der Sachkontenebene statt. Die Sachkonten machen den zentralen Kern der gesamten Buchführung aus. Gebucht wird auf den Sachkonten ausschließlich nach sachlichen Gesichtspunkten. Neben der bisher vorgestellten Sachkontengliederung haben Sie in der Buchführung zusätzlich die Möglichkeit, einzelne Sachkonten noch weiter zu unterteilen, zum Beispiel Forderungen aus Lieferungen und Leistungen, Verbindlichkeiten aus Lieferungen und Leistungen, Eigenkapital (mehr dazu in Kapitel 8).
Richten wir unsere Aufmerksamkeit einmal ausschließlich auf die Forderungen und Verbindlichkeiten aus Lieferungen und Leistungen.

A	Bilanz zum 31.12.2006	P
Forderungen aus Lieferungen und Leistungen 135.000		Verbindlichkeiten aus Lieferungen und Leistungen 150.000

Haben Sie einen jederzeitigen Überblick darüber, aus wie vielen Einzelbeträgen sich der jeweilige Bilanzbetrag zusammensetzt? Können Sie jederzeit und fehlerfrei Auskunft darüber geben, welche Kunden welche Rechnungsbeträge noch nicht bezahlt haben beziehungsweise mit welchen Beträgen Sie bei Ihren einzelnen Lieferanten »in der Kreide« stehen?
Sollten Sie nur wenige Geschäftsvorgänge auf Ziel abwickeln, haben Sie in der Regel nur wenige Geldbeträge offen stehen. Nimmt aber der Ein- und Verkauf auf Ziel an Umfang zu, lohnt es sich, für den einzelnen Kunden und Lieferanten in Ihrer Buchführung ein separates Unterkonto anzulegen. Dabei werden sämtliche Kundenkonten zum Bilanzkonto »Forderungen aus Lieferungen und Leistungen« und alle Lieferantenkonten zum Bilanzkonto »Verbindlichkeiten aus Lieferungen und Leistungen« zusammengefasst.

z.B.

Der Gesamtbetrag Ihrer Forderungen aus Lieferungen und Leistungen in Höhe von 135.000 Euro teilt sich auf fünf verschiedene Kunden wie folgt auf:

Kunde Emil Maier, Aachen:	35.000 Euro
Kunde Anton Knabenbrink, Bremen:	18.000 Euro
Kunde Erich Schussel, Hamburg:	27.000 Euro
Kunde Lotte Schaf, Heinsberg:	25.000 Euro
Kunde Kurt Kurz, Mainz:	30.000 Euro

Verbindlichkeiten aus Lieferungen und Leistungen haben Sie am 31.12.2007 noch gegenüber drei Lieferanten:

Lieferant Daniel Düsentrieb, Steinfurt:	50.000 Euro
Lieferant Stefan Schnecke, Erfurt:	66.000 Euro
Lieferant Gottfried Gastreich, Gelsenkirchen:	34.000 Euro

Bei der Anlage der Konten haben Sie auch die Möglichkeit, statt eines einzigen Sachkontos »Forderungen aus Lieferungen und Leistungen« mit dem Gesamtbetrag von 135.000 Euro fünf verschiedene Personenkonten mit den jeweiligen Kundennamen und Beträgen anzulegen. Das könnte dann wie folgt aussehen:

S	Emil Maier		H
AB	35.000		

S	Anton Knabenbrink		H
AB	18.000		

S	Erich Schussel		H
AB	27.000		

S	Lotte Schaf		H
AB	25.000		

S	Kurt Kurz		H
AB	30.000		

Ebenso können Sie bei den Verbindlichkeiten aus Lieferungen und Leistungen verfahren:

S	Daniel Düsentrieb		H
		AB	50.000

S	Stefan Schnecke		H
		AB	66.000

S	Gottfried Gastreich		H
		AB	34.000

Bei der Auflösung der Bilanz in verschiedene Unterkonten haben Sie sicher bemerkt, dass verschiedene Konten ihren Anfangsbestand im Soll und andere im Haben haben.

Die Konten, die in der Bilanz links, also auf der Aktivseite, stehen, weisen ihren Anfangsbestand im jeweiligen Konto ebenfalls links, also im Soll aus. In der Bilanz rechts stehende Konten (= Passivkonten) haben ihren Anfangsbestand auf der Habenseite. Was in der Bilanz »Aktiva« heißt, nennt sich auf der Kontenebene »Sollseite«, entsprechend wird aus »Passiva« in der Bilanz die »Habenseite« im Konto.
Gemeinsam haben jedoch alle Konten, dass sie Anfangsbestandswerte von der letzten Bilanz übernehmen. Deshalb heißen diese auch Bestandskonten. Als Bestandskonten bezeichnet man allgemein die Konten, welche die Bestände der letzten Schlussbilanz übernehmen, über ihre weitere Entwicklung abrechnen und bei denen der Kontensaldo (= Buchbestand) bei richtiger Erfassung aller Geschäftsvorfälle mit dem tatsächlichen Bestand übereinstimmt. Die Bestandskonten lassen sich nochmals in Aktiv- und Passivkonten (Vermögens- und Kapitalkonten) unterscheiden.
Auf den **aktiven Bestandskonten** werden die Vermögenswerte einzeln abgerechnet. In Analogie zur Bilanz werden die Vermögenswerte auch auf dem dafür eingerichteten Konto aus seiner Sollseite (= linke Kontenseite) vorgetragen. Vermögensmehrungen stellen Zugänge dar und werden dem Anfangsbestand hinzugerechnet. Deshalb erscheinen diese ebenfalls auf der linken Sollseite. Im Gegensatz dazu stellen Abgänge Vermögensminderungen dar, die auf der rechten Habenseite erfasst werden müssen. Somit kann der einzelne Kontenbestand jederzeit durch Saldierung der Soll- und Habenseite ermittelt werden.

Tipp Bei Aktivkonten steht der Anfangsbestand immer auf der Sollseite. Zugänge werden im Soll und Abgänge im Haben erfasst und gebucht. Der Endbestand ergibt sich als Unterschiedsbetrag der Soll- und Habenseite und steht in den meisten Fällen im Haben.

S — Aktivkonto — H

Anfangsbestand	Abgänge
Zugänge	Endbestand

Werden die Vermögenswerte von der linken Bilanzseite als Anfangsbestand auf die linke Seite des jeweiligen Kontos vorgetragen, so muss entsprechend der Bilanz bei Passivkonten der Anfangsbestand auf der rechten Seite (Habenseite) des jeweiligen Kontos stehen. Das hat zur Folge, dass bei passiven Bestandskonten die Zugänge, die zu einer Erhöhung des Anfangsbestandes beitragen, im Haben gebucht werden und die Abgänge, die eine Minderung des Anfangsbestandes bedeuten, im Soll erfasst werden. Der jeweilige Endbestand muss auch hier als Saldo, das heißt als Unterschied zwischen den Summen der beiden Kontenseiten, ermittelt werden. Er erscheint aber diesmal nicht auf der rechten Seite, sondern auf der kleineren Sollseite. Insofern gelten damit für Passivkonten genau die entgegengesetzten Grundsätze wie für Aktivkonten.

Tipp Bei Passivkonten steht der Anfangsbestand immer auf der Habenseite. Zugänge werden im Haben und Abgänge im Soll erfasst und gebucht. Der Endbestand ergibt sich als Unterschiedsbetrag der Haben- und Sollseite und steht in den meisten Fällen im Soll.

S Passivkonto H

S	H
Abgänge	Anfangsbestand
Endbestand	Zugänge

6.

Der Buchungssatz – eine komprimierte Form der Erfassung

Die Buchführung hat den Sinn, das geschäftliche Geschehen zahlenmäßig abzubilden. Täglich finden jedoch Vorfälle statt, die einzelne Bilanzpositionen und damit das Vermögen, die Schulden oder sogar das Eigenkapital verändern.
Jeder Geschäftsvorfall berührt mindestens zwei, manchmal sogar noch mehr Konten. Deshalb wird in der doppelten Buchführung jeder Geschäftsvorfall mindestens zweimal gebucht, einmal auf der Sollseite des ersten Kontos und zum anderen auf der Habenseite des anderen Kontos. Während eines Geschäftsjahres sind Hunderte, manchmal sogar Tausende Geschäftsvorfälle zu buchen und zu erfassen. Stellen Sie sich vor, Sie müssten alle Geschäftsvorfälle in Ihren Unterlagen beschreiben. Das wäre mit sehr viel Zeit und Aufwand verbunden. Um die Dokumentation und den Schreibaufwand zu minimieren, bedient man sich in der Buchführung deshalb des Buchungssatzes. Der Buchungssatz gibt in kurzen prägnanten Worten alles wieder, was für die zahlenmäßige Abbildung des betrieblichen Geschehens benötigt wird.

z.B.

Sie kaufen für 3.000 Euro netto Rohstoffe auf Ziel bei Ihrem Lieferanten ein.
Verbal umschrieben heißt das: Beim Einkauf von Rohstoffen erhöht sich mein Rohstoffbestand um einem Wert von 3.000 Euro. Der Bestand an Rohstoffen wird demnach um 3.000 Euro größer. Auf dem Konto »Rohstoffe« muss ich einen Zugang in Höhe von 3.000 Euro ausweisen. Die Bezahlung (Lieferung auf Ziel) erfolgt allerdings erst zu einem späteren Zeitpunkt, sodass in der Zwischenzeit (bis zur Bezahlung) meine Verbindlichkeiten ebenfalls anwachsen und um 3.000 Euro zunehmen.
In Form eines einzigen Buchungssatzes ausgedrückt bedeutet das:

Konto	Soll	Haben
Rohstoffe	3.000 €	
an Verbindlichkeiten		3.000 €

Der Buchungssatz bezeichnet die Konten, auf denen gebucht werden muss, und verbindet beide Kontennamen mit dem Wort »an«. Bei allen Konten, die vor dem »an« erwähnt sind, wird der Betrag ins Soll gesetzt, bei allen Konten, die hinter dem »an« zu finden sind, stehen die Beträge im Haben. Die Beträge werden damit mindestens zweimal genannt, wobei die Summe aller Beträge im Soll gleich der Summe aller Beträge im Haben sein muss.
In der betrieblichen Praxis können Sie grundsätzlich alle Geschäftsvorfälle nach dem oben beschriebenen Muster des einfachen Buchungssatzes buchen. Der einfache Buchungssatz ist dadurch gekennzeichnet, dass durch den Geschäftsvorfall maximal zwei Konten betroffen sind. Um aber eine Antwort darauf zu finden, welcher Betrag auf welches Konto im Soll oder Haben gebucht werden muss, sollten Sie es sich ab sofort zur Regel machen, immer die folgenden vier Fragen zu beantworten, bevor Sie mit der eigentlichen Buchungsarbeit beginnen.

1. Welche Konten werden durch den Geschäftsvorfall berührt?
2. Handelt es sich um Aktiv- oder Passivkonten?
3. Liegt ein Zugang oder ein Abgang vor?
4. Auf welcher Kontenseite muss die Buchung erfolgen?

Das hört sich im ersten Moment alles etwas theoretisch an. Mit ein wenig Übung wird Ihnen das jedoch sehr schnell klar und geläufig.
Wir wollen das grundsätzliche Vorgehensprinzip anhand ausgewählter Geschäftsvorfälle üben, für die Sie anhand der oben dargestellten vier Fragen den richtigen Buchungssatz bilden sollen.

1. Bareinzahlung auf das Bankkonto:	3.000 Euro
2. Barabhebung vom Bankkonto:	2.500 Euro
3. Gewährung eines Darlehens über die Bank:	25.000 Euro
4. Darlehenstilgung durch die Bank:	18.000 Euro
5. Banküberweisung eines Kunden:	2.800 Euro
6. Kauf von Rohstoffen auf Ziel:	35.000 Euro
7. Barzahlung einer Verbindlichkeit:	20.000 Euro
8. Bareinlage:	15.000 Euro

9. Barentnahme: 17.500 Euro
10. Wir zahlen im Voraus bar an unseren Lieferanten: 5.000 Euro
11. Ein Kunde leistet eine Akontozahlung durch Banküberweisung: 6.000 Euro

Bareinzahlung auf das Bankkonto

Für das erste Beispiel wird die Vorgehensweise in allen Einzelheiten sehr ausführlich dargestellt, sodass Sie sich bei den nachfolgenden Geschäftsvorfällen daran orientieren können.
Die erste Frage lautet immer: Welche Konten werden durch den Geschäftsvorfall berührt?
Als Konten kommen immer nur diejenigen infrage, die gewöhnlich auch in der Bilanz wiederzufinden sind. Als Muster können Sie die Bilanz am Ende von Kapitel 4 heranziehen. Unabhängig von der Bilanz müssen Sie sich immer zuerst überlegen, was durch den Geschäftsvorfall überhaupt geschieht. Bareinzahlung hat etwas mit Bargeld zu tun. Bargeld befindet sich meistens in Ihrer Geldbörse. Die Geldbörse einer Privatperson nennt man im Unternehmen »Kassenbestand«, wobei beide Begriffe deckungsgleich sind. Bargeld wird auf das Bankkonto eingezahlt. Ein Bankkonto wird bei einer Bank unterhalten. Zusammenfassend halten Sie fest, dass Bargeld von der Kasse zur Bank auf Ihr Bankkonto fließt. Als Konten kommen demzufolge infrage: für Kasse das Konto »Kassenbestand« und für das Bankkonto »Guthaben bei Kreditinstituten«.
Es geht weiter mit der zweiten Frage: Handelt es sich bei den beiden Konten um Aktiv- oder Passivkonten? Die Antwort dürfte Ihnen an dieser Stelle keine Schwierigkeiten mehr bereiten. Aktivkonten sind die Konten, die in der Bilanz auf der linken Aktiva-Seite stehen, Passivkonten sind jene, die Sie in der Bilanz auf der rechten Passiva-Seite wiederfinden. Sowohl das Konto »Kassenbestand« als auch das Konto »Guthaben bei Kreditinstituten« finden Sie im Bilanzschema auf der linken Seite. Insofern handelt es sich bei beiden Konten um so genannte Aktivkonten.

Dritte Frage: Liegt ein Zugang oder ein Abgang vor? Diese Frage ist auch relativ leicht zu beantworten. Dazu müssen Sie sich immer überlegen, ob Sie nach der Buchung des Geschäftsvorfalls mehr oder weniger als zuvor auf dem Buchführungskonto stehen haben. Bei einer Bareinzahlung auf das Bankkonto fließt Bargeld von der Kasse ab und dem Bankkonto zu. Der Kassenbestand vermindert sich und das Bankguthaben nimmt dementsprechend zu. Bei der Kasse erfolgt folglich ein Abgang, beim Bankkonto ein Zugang.
Nachdem Sie die drei ersten Fragen beantwortet haben, kommen Sie zur letzten: Auf welcher Kontenseite muss die Buchung erfolgen? Dazu vergegenwärtigen Sie sich nochmals das, was über den Zu- und Abgang auf Aktiv- und Passivkonten gesagt worden ist: Zugänge werden immer auf der Kontenseite gebucht, auf der auch der Anfangsbestand ausgewiesen wird; Abgänge auf der anderen Kontenseite.

S	Aktivkonto	H
Anfangsbestand	Abgänge (–)	
Zugänge (+)	Endbestand	

S	Passivkonto	H
Abgänge (–)	Anfangsbestand	
Endbestand	Zugänge (+)	

Da es sich in unserem ersten Beispiel in beiden Fällen um Aktivkonten handelt, erfolgt der Zugang auf der Sollseite, der Abgang auf der Habenseite. Da der Kassenbestand durch die Bareinzahlung auf das Bankkonto um 3.000 Euro abnimmt, muss der Abgang auf dem Kassenkonto im Haben erfasst werden. Im Gegensatz dazu muss der entsprechende Zugang auf dem Bankkonto (= Guthaben bei Kreditinstituten) auf der Sollseite gebucht werden.
Zusammenfassend lässt sich Folgendes in einer Übersicht festhalten:

1. Konten?	Kasse	Bank
2. Aktiv-/Passivkonto?	Aktivkonto	Passivkonto
3. Zu-/Abgang?	Abgang (–)	Zugang (+)
4. Kontenseite?	Haben	Soll

Erläuterungen: Das A stellt die Abkürzung für Aktivkonto dar, das P steht stellvertretend für Passivkonto. Ein + signalisiert einen Zugang, ein – einen Abgang. S ist die Kurzbezeichnung für Soll, H für Haben. Der entsprechende Buchungssatz muss folgerichtig lauten:

1. Konten?	Kasse	Bank
2. Aktiv-/Passivkonto?	A	P
3. Zu-/Abgang ?	–	+
4. Kontenseite?	H	S

Barabhebung vom Bankkonto

Hier haben wir den umgekehrten Fall von 1. Beginnend mit der ersten Frage (»Welche Konten werden durch den Geschäftsvorfall berührt?«) stellen Sie fest, dass wiederum das Kassen- und das Bankkonto betroffen sind.

Es handelt sich hier ebenfalls bei beiden Konten um Aktivkonten. Die Beantwortung der Frage, ob ein Zu- oder Abgang vorliegt, wird etwas schwieriger. Bei einer Barabhebung vom Bankkonto nimmt unser Guthaben auf dem Bankkonto ab, der Bargeldbestand in der Kasse wächst entsprechend an. Der Kassenbestand verzeichnet folglich einen Zugang, der durch einen gleich großen Abgang beim Bankkonto ausgeglichen wird. Nach diesen Erkenntnissen dürfte es für Sie nicht mehr schwer sein, eine Aussage darüber zu treffen, auf welcher Kontenseite die jeweilige Buchung erfolgen muss. Ein Zugang auf dem Kassenkonto wird im Soll, ein Abgang auf dem Bankkonto im Haben gebucht.

Zusammenfassend lässt sich Folgendes festhalten:

1. Konten?	Kasse	Bank
2. Aktiv-/Passivkonto?	Aktivkonto	Aktivkonto
3. Zu-/Abgang?	Zugang (+)	Abgang (–)
4. Kontenseite?	Soll	Haben

In der buchhalterischen Kurzschreibweise hat das folgendes Aussehen:

1. Konten?	Kasse	Bank
2. Aktiv-/Passivkonto?	A	A
3. Zu-/Abgang?	+	–
4. Kontenseite?	S	H

Der Buchungssatz lautet:

Konto	Soll	Haben
Kassenbestand	2.500 €	
an Bankguthaben		2.500 €

Gewährung eines Darlehens über die Bank

In der Kurzform geschrieben ergibt sich für das dritte Beispiel folgende Konten-Kombination:

1. Konten?	Darlehen	Bank
2. Aktiv-/Passivkonto?	Passivkonto	Aktivkonto
3. Zu- / Abgang?	Zugang (+)	Zugang (+)
4. Kontenseite?	Haben	Soll

In der buchhalterischen Kurzschreibweise sieht das Ganze dann folgendermaßen aus:

1. Konten?	Darlehen	Bank
2. Aktiv-/Passivkonto?	P	A
3. Zu-/Abgang?	+	+
4. Kontenseite?	H	S

Erläuterungen: Mit der Gewährung eines Darlehens über die Bank ist Folgendes gemeint: Die Kredit gebende Bank gewährt Ihnen als Unternehmer ein Darlehen und stellt den Darlehensbetrag auf Ihrem Bankkonto zur Verfügung. Damit verzeichnen Sie einen Zugang auf Ihrem Bankkonto und bauen ebenfalls in gleicher Höhe einen höheren Schuldenbestand auf.
Buchungssatz:

Konto	Soll	Haben
Bankguthaben	25.000 €	
an Darlehen		25.000 €

Sicher sind Sie bereits jetzt in der Lage, die Beispiele 4 bis 11 selbstständig zu lösen, sodass wir hier im Anschluss nur noch die fertigen Buchungssätze angeben werden.

Darlehenstilgung durch die Bank

Eine Darlehenstilgung durch Banküberweisung ist der umgekehrte Fall von Beispiel 3. In diesem Fall nehmen sowohl das Bank- als auch das Darlehenskonto ab.
Buchungssatz:

Konto	Soll	Haben
Darlehen	18.000 €	
an Bankguthaben		18.000 €

Banküberweisung eines Kunden

Buchungssatz:

Konto	Soll	Haben
Bankguthaben	2.800 €	
an Forderungen a. L.+L.		2.800 €

Kauf von Rohstoffen auf Ziel

Buchungssatz:

Konto	Soll	Haben
Rohstoffe	35.000 €	
an Verbindlichkeiten		35.000 €

Barzahlung einer Verbindlichkeit

Buchungssatz:

Konto	Soll	Haben
Verbindlichkeiten	20.000 €	
an Kasse		20.000 €

Bareinlage

Buchungssatz:

Konto	Soll	Haben
Kasse	15.000 €	
an Eigenkapital		15.000 €

Barentnahme

Buchungssatz:

Konto	Soll	Haben
Eigenkapital	17.500 €	
an Kasse		17.500 €

Wir zahlen im Voraus bar an unseren Lieferanten

Wenn Sie bei Ihrem Lieferanten in Vorleistung treten, indem Sie eine Ware, die Sie noch nicht erhalten haben, mit einem bestimmten Betrag anzahlen, leisten Sie eine Vorauszahlung. Vorauszahlungen stellen bis zur endgültigen Warenlieferung geleistete Anzahlungen gegenüber Ihrem Lieferanten dar. Diese werden in der Bilanz unter der Rubrik »Vorräte« als »geleistete Anzahlungen« ausgewiesen.
Buchungssatz:

Konto	Soll	Haben
Geleistete Anzahlungen	5.000 €	
an Kasse		5.000 €

Ein Kunde leistet eine Akontozahlung durch Banküberweisung

Leistet ein Kunde eine Anzahlung, obwohl er die Ware von Ihnen noch gar nicht erhalten hat, stellt dieser Betrag bis zur endgültigen Lieferung Ihrerseits eine erhaltene Anzahlung dar, die auf der Passivseite der Bilanz unter den Verbindlichkeiten als »erhaltene Anzahlung« auszuweisen ist.

Buchungssatz:

Konto	Soll	Haben
Bankguthaben	6.000 €	
an erhaltene Anzahlung		6.000 €

Mit diesen Übungsbeispielen sollten Sie einen Vorgeschmack auf das bekommen, was als Nächstes folgen wird. In der Mehrzahl der täglich auftretenden praxisrelevanten Geschäftsvorfälle werden mehr als nur zwei Sachkonten gleichzeitig berührt. Das hat zur Folge, dass auf mehreren Konten im Soll und im Haben gebucht werden muss (in der Fachsprache nennt man das auch einen zusammengesetzten Buchungssatz). Die Vorgehensweise ist jedoch die gleiche wie beim einfachen Buchungssatz mit einer Buchung im Soll und einer im Haben. Auch hier müssen Sie sich wieder die bekannten vier Fragen stellen:

1. Welche Konten werden durch den Geschäftsvorfall berührt?
2. Handelt es sich um Aktiv- oder Passivkonten?
3. Liegt ein Zugang oder ein Abgang vor?
4. Auf welcher Kontenseite muss die Buchung erfolgen?

Der Unterschied des zusammengesetzten gegenüber dem einfachen Buchungssatz ist lediglich, dass Sie bei Ersterem mehr als zwei Konten abprüfen müssen.

z.B. Bezahlung einer Verbindlichkeit bar 2.500 Euro und durch Banküberweisung 1.000 Euro
Erste Frage: Welche Konten werden durch den Geschäftsvorfall berührt?
Die infrage kommenden Konten lauten in diesem Fall: »Kasse«, »Bankguthaben«, »Verbindlichkeiten a. L.+L.«
Weiter geht es mit der zweiten Frage: Handelt es sich bei den Konten um Aktiv- oder Passivkonten?

Konto	Aktivkonto	Passivkonto
Kasse	ja	
Bankguthaben	ja	
Verbindlichkeiten a. L.+L.		ja

Dritte Frage: Liegt ein Zugang oder Abgang auf dem jeweiligen Konto vor?

Konto	Zugang	Abgang
Kasse		ja
Bank		ja
Verbindlichkeiten a. L.+L.		ja

Frage: Auf welcher Kontenseite muss die Buchung erfolgen?

Konto	Zugang	Abgang
Kasse		Haben
Bank		Haben
Verbindlichkeiten a. L.+L.		Soll

Zusammenfassung

1. Konten?	Kasse	Bank	Verbindlichkeiten
2. Aktiv-/ Passivkonto?	Aktivkonto	Aktivkonto	Passivkonto
3. Zu-/Abgang?	Abgang (–)	Abgang (–)	Abgang (–)
4. Kontenseite?	Haben	Haben	Soll

Die bekannte buchhalterische Kurzschreibweise:

1. Konten?	Kasse	Bank	Verbindlichkeiten
2. Aktiv-/Passivkonto?	A	A	P
3. Zu-/Abgang?	–	–	–
4. Kontenseite?	H	H	S

Der entsprechende Buchungssatz dazu lautet:

Konto	Soll	Haben
Verbindlichkeiten a. L.+L.	3.500 €	
an Kasse		2.500 €
an Bank		1.000 €

7.

Buchung der ersten Geschäftsvorfälle

Im letzten Kapitel haben Sie bereits gelernt, wie die buchhalterische »Kurzschreibweise« für verschiedene Geschäftsvorfälle aussieht, und daraus den entsprechenden Buchungssatz abgeleitet. Zu diesem Zeitpunkt sollten Sie bereits den grundsätzlichen Unterschied zwischen Aktiv- und Passivkonten kennen, die Abgrenzung zu Soll und Haben erklären können und wissen, auf welcher Seite eines Kontos der Zu- oder Abgang gebucht wird. In diesem Kapitel werden Ihnen die Auswirkungen und die eigentliche Buchungsweise der im letzten Kapitel kreierten Buchungssätze näher gebracht. Grundsätzlich lassen sich sämtliche Geschäftsvorfälle und damit Buchungssätze in Bezug auf die bilanzielle Auswirkung in vier verschiedene Kategorien gliedern:

1. Aktivtausch
2. Passivtausch
3. Aktiv-Passiv-Mehrung
4. Aktiv-Passiv-Minderung

Beispiel Aktivtausch:

Aktiva			Passiva
Konto 1	+		
Konto 2	–		

Beispiel Passivtausch:

Aktiva			Passiva
		Konto 1	+
		Konto 2	–

Beispiel Aktiv-Passiv-Mehrung:

Aktiva			Passiva
Konto 1	+	Konto 2	+

Beispiel Aktiv-Passiv-Minderung:

Aktiva			Passiva
Konto 1	–	Konto 2	–

Beim Aktivtausch sind zwei Konten der Aktivseite der Bilanz berührt, wobei das Konto 1 zunimmt und das Konto 2 abnimmt. Beim Passivtausch nimmt Konto 1 zu und Konto 2 ab, das Ganze nur auf der Passivseite. In beiden Fällen, also sowohl beim Aktiv- als auch beim Passivtausch, bleibt die Bilanzsumme unverändert.
Bei der Aktiv-Passiv-Mehrung ist ein Konto auf der Aktiv- und ein Konto auf der Passivseite betroffen, die in gleichem Umfang zunehmen. Bei der Aktiv-Passiv-Minderung nehmen beide Konten betragsmäßig in gleichem Maße ab. Die Aktiv-Passiv-Mehrung führt zu einer Bilanzsummenmehrung (= Bilanzverlängerung), die Aktiv-Passiv-Minderung zu einer Bilanzsummenminderung (= Bilanzverkürzung). Dazu jeweils ein Beispiel:

Der Aktivtausch

Der Kassenbestand Ihres Geschäfts weist einen Bestand von 8.000 Euro auf. Um das geschäftliche Risiko möglichst gering zu halten, beschließen Sie, einen Bargeldbetrag von 6.500 Euro auf Ihr betriebliches Bankkonto einzuzahlen. Durch die Bargeldentnahme verringert sich Ihr Kassenbestand damit auf 1.500 Euro. Durch die gleich hohe Transferierung vom Kassenbestand auf das betriebliche Bankkonto erhöht sich der Bankbestand in demselben Maße, wie der Kassenbestand abnimmt. Da sowohl das Kassenkonto als auch das Bankkonto in der Bilanz auf der Aktivseite ausgewiesen werden, bleibt damit im Ergebnis die Bilanzsumme gleich hoch.

Buchungssatz:

Konto	Soll	Haben
Bank	6.500 €	
an Kasse		6.500 €

S		Kasse	H
AB	8.000	Bank	6.500
		EB	1.500
Summe	8.000	Summe	8.000

S		Bank	H
AB	22.000	EB	28.500
Kasse	6.500		
Summe	28.500	Summe	28.500

A		Bilanz vorher	P
Kasse	8.000		
Bank	22.000		
Summe	30.000		

A		Bilanz nachher	P
Kasse	1.500		
Bank	28.500		
Summe	30.000		
Unterschiedsbetrag = 0			

Erläuterungen: AB = Anfangsbestand zu Beginn des Geschäftsjahres; EB = Endbestand am Ende des Geschäftsjahres

Sie sehen, die Bilanzsumme vorher ist betragsmäßig identisch mit der Bilanzsumme nachher. Durch den Aktivtausch ändert sich die Bilanzsumme nicht.

Der Passivtausch

Beim Passivtausch handelt es sich, ebenso wie beim Aktivtausch, lediglich um ein »Umverteilen« von Beträgen auf derselben Bilanzseite.

Sie kommen unerwartet in Zahlungsschwierigkeiten und können Ihre kurzfristigen Verbindlichkeiten nicht mehr vollständig und pünktlich bezahlen. Deshalb beschließen Sie, von den kurzfristigen Lieferantenverbindlichkeiten in Höhe von insgesamt 20.000 Euro einen Betrag von 12.000 Euro in ein langfristiges Darlehen umzuwandeln.

Das Passivkonto »Verbindlichkeiten« hat bereits einen Anfangsbestand von 20.000 Euro. Da es sich bei der Schuldumwandlung in eine Darlehensschuld bei den Verbindlichkeiten um einen Abgang handelt, muss dieser bei einem Passivkonto auf der Sollseite buchhalterisch erfasst werden. Der Endbestand des Kontos »Verbindlichkeiten« hat sich durch die Schuldumschichtung von ursprünglich 20.000 Euro auf 8.000 Euro reduziert. Auf der anderen Seite erhöht sich der Bestand des Darlehenskontos um 12.000 Euro. Da sowohl das Verbindlichkeitenkonto als auch das Darlehenskonto in der Bilanz auf der Passivseite ausgewiesen werden, erfolgt in diesem Fall eine Umbuchung von einem Passivkonto zum anderen Passivkonto. Das Darlehenskonto weist vor der Umschichtung der Schuld einen Bestand von 10.000 Euro auf; insofern ist der Endbestand nach der Umbuchung um 12.000 Euro höher. Sowohl der Endbestand des Darlehens- als auch der des Verbindlichkeitenkontos werden auf der Passivseite der Bilanz ausgewiesen. Damit bleibt die Summe beider Passivkonten unverändert und im Ergebnis die Bilanzsumme gleich hoch.

Buchungssatz:

Konto	Soll	Haben
Verbindlichkeiten	12.000 €	
an Darlehen		12.000 €

S	Verbindlichkeiten		H
Darlehen	12.000 €	AB	20.000 €
EB	8.000 €		
Summe	20.000 €	Summe	20.000 €

S	Darlehen		H
EB	22.000 €	AB	10.000 €
		Verbindlichkeiten	12.000 €
Summe	22.000 €	Summe	22.000 €

A	Bilanz vorher		P
		Verbindlichkeiten	20.000 €
		Darlehen	10.000 €
		Summe	30.000 €

A	Bilanz nachher		P
		Verbindlichkeiten	8.000 €
		Darlehen	22.000 €
		Summe	30.000 €

Unterschiedsbetrag = 0

Erläuterungen: AB = Anfangsbestand zu Beginn des Geschäftsjahres; EB = Endbestand am Ende des Geschäftsjahres

Auch beim Passivtausch ist die Bilanzsumme vorher betragsmäßig identisch mit der Bilanzsumme nachher. Durch den Passivtausch ändert sich die Bilanzsumme ebenfalls nicht.

Die Aktiv-Passiv-Mehrung

Sie beziehen Rohstoffe im Wert von 13.000 Euro von Ihrem Lieferanten auf Ziel. Die Folge daraus ist, dass sowohl Ihr Rohstoffbestand um 13.000 Euro anwächst als auch Ihre Verbindlichkeiten aus Lieferungen und Leistungen steigen. Bei einem angenommenen Anfangsbestand des Rohstoffkontos von 50.000 Euro erhöht sich der Bestand mit dem Bezug von neuen Rohstoffen auf insgesamt 63.000 Euro. Das Rohstoffkonto wird in der Bilanz als Vorräte auf der Aktivseite ausgewiesen. Im gleichen Zuge erhöhen sich Ihre Verbindlichkeiten auf der Passivseite der Bilanz von zum Beispiel 10.000 Euro auf 23.000 Euro.
Buchungssatz:

Konto	Soll	Haben
Rohstoffe	13.000 €	
an Verbindlichkeiten		13.000 €

S		Rohstoffe	H
AB	50.000 €	EB	63.000 €
Verbindlichkeiten	13.000 €		
Summe	63.000 €	Summe	63.000 €

S		Verbindlichkeiten	H
EB	23.000 €	AB	10.000 €
		Rohstoffe	13.000 €
Summe	23.000 €	Summe	23.000 €

A	Bilanz vorher		P
Rohstoffe	50.000 €	Verbindlichkeiten	10.000 €

A	Bilanz nachher		P
Rohstoffe	63.000 €	Verbindlichkeiten	23.000 €
Unterschiedsbetrag = + 13.000 €			

Erläuterungen: AB = Anfangsbestand zu Beginn des Geschäftsjahres; EB = Endbestand am Ende des Geschäftsjahres

Bei der Aktiv-Passiv-Mehrung verändert sich die Bilanzsumme betragsmäßig um den jeweiligen Zugangsbetrag auf dem Aktiv- und Passivkonto. Eine Aktiv-Passiv-Mehrung kann nur dann vorliegen, wenn sich sowohl ein Aktiv- als auch ein Passivkonto vermehrt, also ein Zugang auf beiden Kontenseiten der Bilanz vorliegt.

Die Aktiv-Passiv-Minderung

Die soeben auf Ziel bezogenen Rohstoffe bezahlen Sie nach einem Monat per Banküberweisung. Ihr Bankguthaben weist derzeit einen Stand von 40.000 Euro auf. Durch die zu begleichende Verbindlichkeit verringert sich Ihr Bankguthaben um 13.000 Euro auf 27.000 Euro. Diese 27.000 Euro fließen als Endbestand in Ihre Bilanz ein. Das Konto »Verbindlichkeiten« mit einem Anfangsbestand von 23.000 Euro im Haben verringert sich ebenfalls durch die Banküberweisung um 13.000 Euro, so dass sich der in die Bilanz einzustellende Endbestand auf 10.000 Euro beläuft.

Buchungssatz:

Konto	Soll	Haben
Verbindlichkeiten	13.000 €	
an Bank		13.000 €

S		Bank	H
AB	40.000 €	Verbindlichkeiten	13.000 €
		EB	27.000 €
Summe	40.000 €	Summe	40.000 €

S		Verbindlichkeiten	H
Bank	13.000 €	AB	23.000 €
EB	10.000 €		
Summe	23.000 €	Summe	23.000 €

A		Bilanz vorher	P
Bank	40.000 €	Verbindlichkeiten	23.000 €

A		Bilanz nachher	P
Bank	27.000 €	Verbindlichkeiten	10.000 €

Unterschiedsbetrag = – 13.000 €

Erläuterungen: AB = Anfangsbestand zu Beginn des Geschäftsjahres; EB = Endbestand am Ende des Geschäftsjahres
Bei der Aktiv-Passiv-Minderung verändert sich die Bilanzsumme betragsmäßig um den jeweiligen Abgangsbetrag auf dem Aktiv- und Passivkonto. Eine Aktiv-Passiv-Minderung kann nur dann vorliegen, wenn sich sowohl ein Aktiv- als auch ein Passivkonto vermindert, also ein Abgang auf beiden Kontenseiten der Bilanz vorliegt.

8.

Die Erfolgskonten als Unterkonten des Kapitalkontos

In den bisherigen Ausführungen war immer nur die Rede von den Bestandskonten, deren Änderungen innerhalb des Kontos und den Auswirkungen auf die Bilanzsumme. Von weit größerem Interesse sind in der Praxis allerdings die Geschäftsvorfälle, die unmittelbar den Gewinn oder Verlust betreffen und damit eine Änderung des Betriebsvermögens (beziehungsweise des Eigenkapitals) herbeiführen. Wie Sie bereits aus der Kostenrechnung wissen, erwirtschaften Sie immer dann einen Gewinn, wenn der Verkaufspreis eines Produktes höher ist als die mit der Herstellung verbundenen Kosten. Der Gewinn erhöht entsprechend Ihr Eigenkapital, ein Verlust führt zu einer Eigenkapitalminderung.

! In der buchhalterischen Praxis spricht man in diesem Zusammenhang auch von Aufwendungen und Erträgen. Dabei fällt unter den Begriff »Aufwand« alles, was Sie als Unternehmer aufwenden müssen, um ein bestimmtes Produkt fertigen zu können.

Zu den Hauptaufwendungen eines jeden Unternehmens zählen zum Beispiel:

- Materialaufwendungen (= Verbrauch an Roh-, Hilfs- und Betriebsstoffen)
- Löhne/Gehälter (inklusive gesetzliche Sozialaufwendungen)
- Aufwendungen für Betriebs-Pkw, Miete, Steuern und so weiter

Im Gegensatz zu den Aufwendungen, die eine Minderung des Eigenkapitals darstellen, erhöhen Erträge Ihr Eigenkapital. Beispiele dafür sind:

- Geldzuflüsse aus dem Verkauf Ihrer Produkte (= Umsatzerlöse)
- Erträge aus Wertpapieranlagen (= Zinserträge)
- Erträge aus dem Verkauf von Anlagevermögen über dem Buchwert und so weiter

Folgende Grafik verdeutlicht den Zusammenhang:

S	Eigenkapital H
Aufwendungen (z.B. Mietaufwand)	Erträge (z.B. Verkaufserlöse)
=	=
Minderung des Eigenkapitals	Erhöhung des Eigenkapitals

Alle Aufwendungen und Erträge sind sofort auf dem Eigenkapitalkonto zu buchen. Dabei mindern Aufwendungen Ihr Eigenkapital, Erlöse erhöhen es. Sie können sich sicherlich vorstellen, dass bei umfangreichem Geschäftsverkehr das Eigenkapitalkonto mit der Zeit sehr unübersichtlich wird. Vor allem die Erfassung aller betrieblichen Kapitaländerungen auf einem einzigen Konto ist der Übersichtlichkeit nicht gerade dienlich. Deshalb werden zu Beginn des Geschäftsjahres so genannte Unterkonten zum Eigenkapital gebildet, auf denen, nach Aufwand und Ertrag getrennt, der Erfolg Ihres Unternehmens festgehalten wird. Diese Erfolgskonten (= Sammelbegriff für alle Aufwands- und Ertragskonten) werden während des Geschäftsjahres als Unterkonten des Eigenkapitals geführt und am Ende des Jahres über das Eigenkapital abgeschlossen. Durch die Unterteilung erscheint auf dem Eigenkapitalkonto im Laufe des Jahres überhaupt keine Buchung. Erst beim Jahresabschluss übernimmt es die Salden der Erfolgskonten.

Tipp Da sämtliche Aufwands- und Ertragskonten als Unterkonten des Eigenkapitals geführt werden, wird auf diesen ebenso gebucht wie auf dem eigentlichen Hauptkonto Eigenkapital.

Aufwandskonten stellen eine Minderung des Eigenkapitals dar. Das Eigenkapitalkonto selbst ist ein Passivkonto und nimmt auf der Sollseite ab. Deshalb müssen auch die Aufwandskonten im Soll gebucht werden. Auf der anderen Seite stehen Erträge gleichbedeutend für eine Mehrung des Eigenkapitals und müssen folgerichtig als Zugang im Haben gebucht werden.

z.B.

Für die Herstellung Ihrer Produkte benötigen Sie aus Ihrem Materiallager für 2.000 Euro Rohstoffe und für 1.000 Euro Hilfsstoffe. (Rohstoffe sind Stoffe, die nach der Be- oder Verarbeitung Hauptbestandteil des fertigen Produkts werden, zum Beispiel Spanplatten für einen Tisch, Glas für Fensterscheiben oder Wolle für einen Pullover. Hilfsstoffe sind Nebenbestandteile des Fertigproduktes, die nur zum Teil in das Produkt hineingearbeitet werden, zum Beispiel Nägel, Schrauben, Farben, Leim. Daneben gibt es auch noch Betriebsstoffe, die allerdings nur mittelbar der Herstellung des Produkts dienen, also nicht in das Produkt selbst eingehen, zum Beispiel Energie, Reparaturmaterial, Schmieröl). Bildlich können Sie sich den Verbrauch an Roh- und Hilfsstoffen folgendermaßen verdeutlichen:

Materiallager → → → Produktion

Bilanzposten: Bilanzposten:

Vorräte an Roh- und Betriebsstoffen auf der Aktivseite der Bilanz	Eigenkapital auf der Passivseite der Bilanz

Wenn Sie für die Produktion Material verbrauchen, bedeutet das gleichzeitig einen Abgang aus Ihrem Vorratsvermögen. Ein Verbrauch von Material indiziert aber auch eine Vermögensminderung, denn nach dem Verbrauch ist Ihr Vermögen und damit auch Ihr Eigenkapital kleiner als zuvor. Der gedankliche Buchungssatz muss also lauten:

Konto	Soll	Haben
Eigenkapital	3.000	
an Roh-, Hilfs- und Betriebsstoffe		3.000

S	Vorräte	H
	Eigenkapital	3.000 €

S	Eigenkapital	H
Vorräte	3.000 €	

Besser und übersichtlicher wäre es allerdings, für sämtliche Aufwands- und Ertragskonten separate Unterkonten zum Eigenkapital anzulegen. Der Buchungssatz unter Berücksichtigung eines Unterkontos »Aufwendungen für Roh-, Hilfs- und Betriebsstoffe (Aufw. RHB)« könnte dann folgendermaßen lauten:

Konto	Soll	Haben
Aufwendungen für Roh-, Hilfs- und Betriebsstoffe	3.000 €	
an Roh-, Hilfs- und Betriebsstoffe		3.000 €

S	Vorräte	H
	Aufwand RHB	3.000 €

S	Aufwand RHB-Stoffe	H
Vorräte 3.000 €	Eigenkapital	3.000 €

Abschluss über Eigenkapital:

S	Eigenkapital	H
Aufwand für Roh-, Hilfs- und Betriebsstoffe	3.000 €	

z.B. Jeden Monat zum Monatsletzten zahlen Sie die Miete (2.000 Euro) für die gemietete Lagerhalle, Löhne und Gehälter für Ihre Angestellten (10.000 Euro) und Betriebssteuern an das Finanzamt (2.500 Euro) durch Banküberweisung. Alle drei Zahlbeträge sind Aufwendungen, die Sie tätigen. Infolgedessen mindern diese Beträge Ihr Eigenkapital.

Sie haben die Möglichkeit, diese drei Geschäftsvorfälle sofort über das Eigenkapitalkonto zu verbuchen.

Buchungssatz:

Konto	Soll	Haben
Eigenkapital	14.500 €	
an Bank		14.500 €

S	Bank		H
		Eigenkapital	14.500 €

S	Eigenkapital		H
Bank	14.500		

Der Nachteil bei dieser Verbuchung ist aber, dass Sie spätestens nach zwei Wochen nicht mehr wissen, wofür Sie die 14.500 Euro verwendet haben. Deshalb ist es besser, für das Eigenkapital betreffende Buchungen separate Unterkonten anzulegen, die zum Jahresende über das Eigenkapital abgeschlossen werden.

Buchungssätze:

Konto	Soll	Haben
Miete	2.000 €	
Löhne und Gehälter	10.000 €	
Betriebssteuern	2.500 €	
an Bank		14.500 €

S	Miete		H
Bank	2.000 €		

S	Löhne und Gehälter	H
Bank	10.000 €	

S	Betriebssteuern	H
Bank	2.500 €	

S	Bank	H
		Miete, Löhne u. Gehälter Betriebssteuern 14.500 €

Erst in einem zweiten Schritt werden die drei Aufwandskonten Miete, Löhne und Gehälter sowie Betriebssteuern über das Eigenkapital abgeschlossen.

S		Miete		H
Bank	2.000		Eigenkapital	2.000

S		Löhne und Gehälter		H
Bank	10.000		Eigenkapital	10.000

S		Betriebssteuern		H
Bank	2.500		Eigenkapital	2.500

S	Eigenkapital	H
Miete, Löhne u. Gehälter Betriebssteuern	14.500	

Sie müssen sicher zugeben, dass Sie bei der zweiten Buchungsalternative einen besseren Überblick bewahren können, als wenn Sie alles sofort in einer Summe dem Eigenkapitalkonto belastet hätten.

Nachdem im bisherigen Teil immer nur die Rede von Aufwendungen war, werden wir uns im Folgenden mit den Erträgen etwas näher beschäftigen.

z.B.

Sie haben Produkte gefertigt, die Sie zu einem Preis von 50.000 Euro an einen Kunden auf Ziel verkauft haben. Der Verkauf stellt einen Ertrag dar und erhöht Ihr Eigenkapital. Eine Erhöhung ist gleichbedeutend mit einem Zugang, der im Eigenkapital auf der Habenseite gebucht wird. Ebenso wie bei den Aufwendungen sollten Sie sich auch für die verschiedenen Erträge jeweils separate Unterkonten zum Eigenkapital anlegen. Die zwei Konten, die für diesen Geschäftsvorfall infrage kommen, sind »Forderungen aus Lieferungen und Leistungen« und, als Unterkonto des Eigenkapitals, »Umsatzerlöse«.

Konto	Soll	Haben
Forderungen aus Lieferungen und Leistungen	50.000 €	
an Umsatzerlöse		50.000 €

S	Forderungen a.L.+L.		H
Umsatzerlöse	50.000		

S	Umsatzerlöse		H
Eigenkapital	50.000	Forderungen a.L.+L.	50.000

Abschluss über Eigenkapital

S	Eigenkapital		H
		Umsatzerlöse	50.000

!

Aufwands- und Ertragskonten sind Unterkonten des Eigenkapitals und werden am Jahresende über dieses abgeschlossen. Aufwands- und Ertragskonten nennt man auch Erfolgskonten. Im Gegensatz dazu sind Aktiv- und Passivkonten, die in der Bilanz ausgewiesen werden, Bestandskonten. Erfolgskonten haben keinen vortragsfähigen Jahresanfangsbestand, weil sie immer über das Eigenkapitalkonto abgeschlossen werden.

9.

Das Problem der Umsatzsteuer sicher im Griff

Bevor im Einzelhandel Fertigprodukte zum Verkauf an den Endverbraucher bereit liegen, haben sie zum Teil bereits einen langen Produktionsweg hinter sich. Von der Rohstoffgewinnung über die weiterverarbeitende Industrie gelangen sie über den Groß- und Einzelhandel schließlich zum Endverbraucher.

Mit jeder Bearbeitungsstufe erhöht sich der Preis für das Produkt, weil der Unternehmer seinem jeweiligen Einkaufspreis die ihm entstandenen Kosten addiert. Hinzu kommt ein prozentualer Gewinnaufschlag. Somit entsteht in jeder Produktionsstufe ein so genannter Mehrwert.

An diesem Mehrwert möchte das Finanzamt durch eine Mehrwert- beziehungsweise Umsatzsteuer partizipieren. Die gesetzliche Grundlage dafür ist das Umsatzsteuergesetz. In der Bundesrepublik Deutschland gibt es neben dem allgemeinen Umsatzsteuersatz von 16 Prozent auch den ermäßigten von 7 Prozent, der sich auf Lebensmittel und bestimmte andere Umsätze bezieht. Im weiteren Verlauf wird aber ausschließlich mit dem 16-prozentigen Umsatzsteuersatz gerechnet. Ab 01.01.2007 steigt der Umsatzsteuersatz von 16 Prozent auf 19 Prozent.

Wie bereits erwähnt, ist das Umsatzsteuergesetz so aufgebaut, dass auf jeder Produktionsstufe nur der Mehrwert der Umsatzsteuer unterliegt. Die Umsatzsteuer stellt für jeden beteiligten Unternehmer innerhalb der Produktionskette nur einen »durchlaufenden Posten« dar. Erst am Ende der Produktionskette wird der Endverbraucher mit der vollen Umsatzsteuer belastet.

Der Produktionsweg von der Urproduktion bis zum Endverbraucher				
Produktions-weg	rechnerische Erfassung des Mehrwertes auf jeder Produktionsstufe			darauf entfallende Umsatzsteuer
Land- und Forstwirtschaft	1.500,00	0,00	1.500,00	240,00
Sägewerk	2.500,00	1.500,00	1.000,00	160,00
Möbelfabrik	4.700,00	2.500,00	2.200,00	352,00
Großhandel	5.800,00	4.700,00	1.100,00	176,00
Einzelhandel	6.500,00	5.800,00	700,00	112,00
Endverbraucher		6.500,00		1.040,00

Der Land- und Forstwirt verkauft Bäume für 1.500 Euro an ein benachbartes Sägewerk, welches die Bäume zu Bohlen und Holzlatten verarbeitet. Diese werden zu einem Preis von 2.500 Euro an eine Möbelfabrik veräußert, die daraus wiederum Möbel für den Großhandel zu einem Preis von 4.700 Euro fertigt. Der Großhandel verteilt die Möbel mit einem Gewinnaufschlag an verschiedene Einzelhändler zu einem Gesamtpreis von 5.800 Euro, die schließlich mehrere Endverbraucher zu einem Verkaufspreis von insgesamt 6.500 Euro beliefern.
Aus der obigen Tabelle erkennt man, dass auf jeder Produktionsstufe ein Mehrwert in unterschiedlicher Höhe geschaffen wird. Nur dieser Mehrwert unterliegt der Umsatzsteuer. Wie ist aber sichergestellt, dass die Umsatzsteuer für jeden beteiligten Unternehmer innerhalb der Wertschöpfungskette nur einen durchlaufenden Posten darstellt und der Endverbraucher erst am Ende der Produktionskette mit der vollen Umsatzsteuer belastet wird?
Notwendige Voraussetzung dafür ist, dass jeder Unternehmer die Umsatzsteuer auf seiner Rechnung offen ausweist und diesen Geldbetrag zusätzlich zu seinem kalkulierten Nettopreis auch erhält und vereinnahmt. Der Möbelfabrikant verkauft die fertigen Möbel für netto 4.700 Euro zuzüglich 16 Prozent Umsatzsteuer, das sind insgesamt 5.452 Euro, an den Großhandel. Auf der anderen Seite hat er vom Sägewerk Bohlen und Holzlatten für netto 2.500 Euro zuzüglich 16 Prozent Umsatzsteuer, also insgesamt 2.900 Euro, erworben.
Der Möbelfabrikant muss nicht die gesamte Umsatzsteuer in Höhe von 752 Euro (5.452 minus 4.700) an das Finanzamt abführen – er kann die an das Sägewerk bereits gezahlte Umsatzsteuer in Höhe von 400 Euro (16 Prozent von 2.500 Euro) bei seiner Zahlung an das Finanzamt als so genannte Vorsteuer in Abzug bringen. Der an das Finanzamt abzuführende Differenzbetrag zwischen in Rechnung gestellter Umsatzsteuer und bereits an den Vorlieferanten gezahltem Vorsteuerbetrag wird Umsatzsteuerzahllast genannt.
Betrachten Sie das obige Beispiel weiter, ergäbe sich für die abzuführende Umsatzsteuerzahllast auf jeder Produktionsstufe folgendes Bild:

Die Umsatzsteuerbelastung von der Urproduktion bis zum Einzelhändler			
Produktionsweg	die rechnerische Ermittlung der Umsatzsteuer auf jeder Produktionsstufe		
	Umsatzsteuer	Vorsteuer	Umsatzsteuer (USt-Zahllast)
Land- und Forstwirtschaft	240,00	0,00	240,00
Sägewerk	400,00	240,00	160,00
Möbelfabrik	752,00	400,00	352,00
Großhandel	928,00	752,00	176,00
Einzelhandel	1.040,00	928,00	112,00
Summe	**3.360,00**	**2.320,00**	**1.040,00**

Die Umsatzsteuer stellt somit eine Verbindlichkeit gegenüber dem Finanzamt dar, die Vorsteuer hingegen bringt eine Forderung gegenüber dem Finanzamt zum Vorschein. Aus der obigen Tabelle wird ersichtlich, dass auf jeder Produktionsstufe nur ein Bruchteil der Umsatzsteuer von insgesamt 1.040 Euro an das Finanzamt abgeführt wird.

Von der Umsatzsteuer betroffen sind alle Eingangsrechnungen (zum Beispiel Einkauf von Rohstoffen, Kauf einer Maschine, Kauf eines Pkw und so weiter) sowie sämtliche Ausgangsrechnungen (zum Beispiel Verkauf von Fertigerzeugnissen).

Die Umsatzsteuer bei Eingangsrechnungen

Kaufen Sie etwas für Ihr Unternehmen ein, so erhalten Sie eine Rechnung, in der neben dem Nettokaufpreis zusätzlich noch die Umsatzsteuer aufgeführt ist.

z.B. Der Möbelfabrikant kauft vom Sägewerk für 2.500 Euro netto zuzüglich 16 Prozent Umsatzsteuer Holzlatten. Die Rechnung hat folgendes Aussehen:

Kauf von Holzlatten netto	2.500 Euro
+ 16 Prozent Umsatzsteuer	400 Euro
= Gesamtrechnungsbetrag	2.900 Euro

Wenn der Möbelfabrikant den gesamten Rechnungsbetrag in Höhe von 2.900 Euro an das Sägewerk überweist, ist darin auch ein Betrag von 400 Euro für in Rechnung gestellte Umsatzsteuer enthalten. Wie Sie bereits wissen, kann der Möbelfabrikant die Umsatzsteuer, die er beim Wareneinkauf an das Sägewerk bezahlt, als Forderung gegenüber dem Finanzamt geltend machen beziehungsweise mit dem an das Finanzamt abzuführenden Umsatzsteueraufkommen verrechnen. Aus diesem Grund ist es üblich, für in Eingangsrechnungen ausgewiesene Umsatzsteuer ein separates Konto mit dem Namen »Vorsteuer« einzurichten und entsprechend zu bebuchen.
Der Buchungssatz für das Beispiel muss demnach lauten:

Konto	Soll	Haben
Rohstoffe	2.500 €	
Vorsteuer	400 €	
an Verbindlichkeiten a. L.+L.		2.900 €

Das Vorsteuerkonto ist ein Aktivkonto und nimmt auf der Sollseite zu und auf der Habenseite ab. Es erfasst die von anderen Unternehmern in Rechnung gestellte Umsatzsteuer (= Vorsteuer). Die Vorsteuer stellt eine Forderung gegenüber dem Finanzamt dar.

S	Rohstoffe	H
	2.500	

S	Vorsteuer	H
400		

S	Verbindlichkeiten a. L.+L.	H
		2.900

Die Umsatzsteuer bei Ausgangsrechnungen

Neben Eingangsrechnungen gibt es auch Ausgangsrechnungen. Hier wird ebenfalls neben dem Nettoverkaufspreis zusätzlich die Umsatzsteuer separat ausgewiesen.

z.B. Nachdem der Möbelfabrikant aus den Holzlatten Möbelstücke hergestellt hat, verkauft er diese für 4.700 Euro plus 16 Prozent Umsatzsteuer an einen Großhändler.
Die Rechnung hat folgendes Aussehen:

	Verkauf von Möbeln netto	4.700 Euro
+	16 Prozent Umsatzsteuer	752 Euro
=	Gesamtrechnungsbetrag	5.452 Euro

Der dazugehörige Buchungssatz muss lauten:

Konto	Soll	Haben
Forderungen a. L.+L.	5.452 €	
an Verkaufserlöse		4.700 €
an Umsatzsteuer		752 €

Das Umsatzsteuerkonto ist ein Passivkonto, weil es eine Verbindlichkeit gegenüber dem Finanzamt ausweist, und nimmt insofern im Soll ab und im Haben zu.

S	Verkaufserlöse	H
		4.700

S	Umsatzsteuer	H
		752

S	Forderungen a. L.+L.	H
5.452		

Betrachtet man in einem zweiten Schritt nur die beiden Konten »Umsatzsteuer« und »Vorsteuer«, ergibt sich für den Möbelfabrikanten folgendes Bild:

S	Vorsteuer	H
400		

S	Umsatzsteuer	H
		752

Durch die Weiterverarbeitung der Holzlatten zu Möbelstücken mit anschließendem Verkauf an den Großhändler ist für den Möbelfabrikanten gegenüber dem Finanzamt eine Umsatzsteuerschuld in Höhe von 752 Euro entstanden. Gleichzeitig ist aber bereits beim Einkauf der Holzlatten durch die Kaufpreiszahlung an das Sägewerk eine Forderung in Höhe von 400 Euro gegenüber dem Finanzamt entstanden, mit welcher der Möbelfabrikant die abzuführende Umsatzsteuer verrechnen kann. Im Ergebnis muss der Möbelfabrikant demnach nur die Differenz von Umsatz- und Vorsteuer in Höhe von 352 Euro an das Finanzamt abführen.

	aus dem Möbelverkauf erhaltene Umsatzsteuer	752 Euro
–	beim Einkauf verausgabte Umsatzsteuer (= Vorsteuer)	400 Euro
=	Differenz (= Umsatzsteuerzahllast)	352 Euro

Buchhalterisch kann die Umsatzsteuerzahllast ermittelt werden, indem das Vorsteuerkonto über das Umsatzsteuerkonto abgeschlossen wird.

Buchungssatz:

Konto	Soll	Haben
Umsatzsteuer	400 €	
an Vorsteuer		400 €

S		Vorsteuer	H
	400	Umbuchung	400

S		Umsatzsteuer	H
Umbuchung	400		752
Saldo	352		

Der Saldo auf dem Konto »Umsatzsteuer« in Höhe von 352 Euro entspricht exakt der zuvor errechneten Umsatzsteuerzahllast. Je nachdem, wie hoch Ihre Verkaufserlöse pro Jahr sind, müssen Sie einmal jährlich, einmal pro Quartal oder sogar monatlich die Umsatzsteuerzahllast ermitteln und bis zum 10. des Folgemonats an das Finanzamt abführen. Die Umsatzsteuerzahllast für den Monat Januar 2007 muss demnach bei monatlicher Veranlagung bis zum 10. Februar 2007 an das Finanzamt überwiesen sein. Der entsprechende Buchungssatz lautet:

Konto	Soll	Haben
Umsatzsteuer	352 €	
an Bank		352 €

Am Geschäftjahresende wird die Umsatzsteuerzahllast in der Schlussbilanz unter der Position »Sonstige Verbindlichkeiten« durch den Buchungssatz »Umsatzsteuer an Schlussbilanzkonto« passiviert. Dieses passive Bestandskonto wird in der Umgangssprache auch als Umsatzsteuerkonto bezeichnet. Der Ausgleich der Umsatzsteuerzahllast erfolgt dann wieder durch Banküberweisung bis zum 10. des Folgemonats.

Abwandlung: Vorsteuerüberhang

Bis jetzt sind wir immer davon ausgegangen, dass der getätigte Umsatz höher war als der vorgenommene Einkauf, also die Umsatzsteuer betragsmäßig immer die Vorsteuer übertraf. Was ist aber, wenn Sie mehr eingekauft als verkauft haben und demzufolge Ihre Vorsteuer einen höheren Betrag aufweist als Ihre Umsatzsteuer?

z.B.

Sie beabsichtigen, in Kürze ein Damen- und Herrenbekleidungsgeschäft zu eröffnen. Damit Sie Ihren Kunden ein ausreichendes Warensortiment anbieten können, haben Sie bis zum heutigen Tag bereits Waren in einem Gesamtwert von 50.000 Euro zuzüglich 16 Prozent Umsatzsteuer (= 8.000 Euro) eingekauft.
Wie Sie wissen, stellt an einen Lieferanten gezahlte Umsatzsteuer eine Forderung gegenüber dem Finanzamt dar (= Vorsteuer). Sie wissen auch, dass die bei einem Verkauf von Kunden erhaltene Umsatzsteuer an das Finanzamt weitergeleitet werden muss unter gleichzeitiger Anrechnung bereits gezahlter Vorsteuerbeträge.
In dem oben angeführten Beispiel besteht allerdings die Besonderheit, dass Sie zwar Vorsteuer und damit eine Forderung gegenüber dem Finanzamt »angesammelt«, aber noch keinen Umsatz getätigt haben, der zu einer Umsatzsteuerpflicht führt. Immer dann, wenn der Saldo auf dem Vorsteuerkonto größer ist als der auf dem Umsatzsteuerkonto, haben Sie keine Umsatzsteuerzahllast, sondern einen Vorsteuerüberhang, der zu einer Erstattung seitens des Finanzamtes führt. Die entsprechende Buchung lautet dann:

Umsatzsteuer	... Euro
an Vorsteuer	... Euro

Damit ist das Konto »Umsatzsteuer« ausgeglichen. Der verbleibende Restbetrag auf dem Konto »Vorsteuer« wird durch einen Zahlungseingang vom Finanzamt beglichen. Über das Geschäftsjahresende hinaus muss ein Vorsteuerüberhang als »Sonstige Forderung« mit dem Buchungssatz »Schlussbilanzkonto an Vorsteuer« auf die Aktivseite der Bilanz eingestellt werden.

z.B.

Ihre Umsatzerlöse im Monat Oktober belaufen sich auf netto 200.000 Euro. Gleichzeitig tätigen Sie Rohstoffeinkäufe auf Ziel in einem Gesamtwert von netto 150.000 Euro [230.000 Euro]. Sowohl Ein- als auch Verkäufe unterliegen einem Umsatzsteuersatz von 16 Prozent. Wie sieht die buchhalterische Behandlung sämtlicher Vorgänge aus, wie wird die Umsatzsteuerzahllast [der Vorsteuerüberhang] korrekt errechnet und verbucht, und wie und wann wird im Folgemonat die Zahllast [der Überhang] abgerechnet und gebucht?

Vorüberlegungen:	**Variante 1**	**Variante 2**
Umsatzerlöse netto	200.000 €	200.000 €
Darauf entfallende Umsatzsteuer mit 16 %	32.000 €	32.000 €
Rohstoffeinkäufe netto	150.000 €	230.000 €
Darauf entfallende Vorsteuer mit 16 %	24.000 €	36.800 €
Bildung von Buchungssätzen:	**Variante 1**	**Variante 2**
1) Buchung der Umsatzerlöse		
Forderungen a. L.+L.	232.000 €	232.000 €
an Umsatzerlöse	200.000 €	200.000 €
an Umsatzsteuer	32.000 €	32.000 €

Bildung von Buchungssätzen:	**Variante 1**	**Variante 2**
2) Buchung der Rohstoffeinkäufe		
Rohstoffe	150.000	230.000
Vorsteuer	24.000	36.800
an Verbindlichkeiten a. L.+L.	174.000	266.800

3) Ermittlung von Umsatzsteuerzahllast beziehungsweise Vorsteuerüberhang
wenn Umsatzsteuer > Vorsteuer: 32.000 > 24.000
dann Umsatzsteuerzahllast 8.000 Euro
wenn Vorsteuer > Umsatzsteuer: 36.800 > 32.000
dann Vorsteuerüberhang 4.800 Euro

4) Buchung von Umsatzsteuerzahllast:
Umsatzsteuer: 24.000 Euro
an Vorsteuer: 24.000 Euro

5) Buchung des Vorsteuerüberhangs:
Umsatzsteuer: 32.000 Euro
an Vorsteuer: 32.000 Euro

6) Bankausgleich der Zahllast/des Vorsteuerüberhangs:
Umsatzsteuer: 8.000 Euro
an Bank: 8.000 Euro
Bank: 4.800 Euro
an Vorsteuer: 4.800 Euro

Verbuchen auf Konten:
Variante 1 (Umsatzsteuerzahllast):

S	Verkaufserlöse		H
		1)	200.000

S	Umsatzsteuer		H
4)	24.000	1)	32.000
6)	8.000		

S	Forderungen		H
1)	232.000		

S	Rohstoffe		H
2)	150.000		

S	Vorsteuer		H
2)	24.000	4)	24.000

S	Verbindlichkeiten		H
		2)	174.000

S	Bank		H
		6)	8.000

Variante 2 (Vorsteuerüberhang):

S	Verkaufserlöse		H
		1)	200.000

S	Umsatzsteuer		H
4)	32.000	1)	32.000

S	Forderungen		H
1)	232.000		

S	Rohstoffe		H
2)	230.000		

S	Vorsteuer		H
2)	36.800	4)	32.000
		6)	4.800

S	Verbindlichkeiten		H
		2)	266.800

S	Bank		H
6)	4.800		

10.

Buchungen im Lohn- und Gehaltsbereich

Löhne und Gehälter erhalten Angestellte und Arbeiter für ihren Arbeitseinsatz im Unternehmen. Der mit dem jeweiligen Arbeitnehmer vereinbarte Bruttolohn wird ihm aber nicht komplett ausgezahlt, vielmehr ist der Arbeitgeber aufgrund gesetzlicher Vorschriften dazu verpflichtet, vom Bruttolohn sowohl Lohnsteuer, Kirchensteuer und Solidaritätszuschlag als auch Sozialversicherungsbeiträge einzubehalten und an die entsprechenden staatlichen Stellen weiterzuleiten. Die Lohn- und Kirchensteuer sowie der Solidaritätszuschlag werden bis zum 10. des Folgemonats an das zuständige Finanzamt abgeführt, die Sozialversicherung (Rentenversicherung, Arbeitslosenversicherung, Krankenversicherung, Pflegeversicherung) an die zuständige Krankenkasse. Für die Lohn- und Kirchensteuer und den Solidaritätszuschlag muss der Arbeitnehmer alleine aufkommen, die Sozialversicherungsbeiträge werden je zur Hälfte von Arbeitgeber und Arbeitnehmer getragen (gewisse Ausnahmen bestehen für Geringverdiener).
Schematische Übersicht, wie man vom Brutto- zum Nettoverdienst gelangt:

Bruttoverdienst
– Lohnsteuer: (ergibt sich aufgrund amtlicher Lohnsteuertabellen)
– Kirchensteuer: (8 beziehungsweise 9 Prozent der Lohnsteuer)*
– Solidaritätszuschlag: (5,5 Prozent der Lohnsteuer)
– Krankenversicherung
– Pflegeversicherung
– Arbeitslosenversicherung
– Rentenversicherung

= Nettoverdienst

Buchhalterisch werden Löhne, welche die Vergütung der Arbeitnehmer im Fertigungsbereich darstellen, anders erfasst als Gehälter für die in der Verwaltung tätigen Mitarbeiter. Denn speziell in Herstellungsbetrieben muss eine exakte Trennung für Zwecke der Kostenrechnung (zum Beispiel der Selbstkostenrechnung) vorgenommen werden. Dabei ist es sogar sinnvoll, innerhalb der Löhne und Gehälter nochmals zu unterteilen in Fertigungslöhne, Hilfslöhne, Reparaturlöhne, Instandhaltungslöhne, Urlaubslöhne und so weiter.

Probleme bei der Errechnung der Lohn- und Kirchensteuer

Wie bereits erwähnt, existieren für die korrekte Berechnung der Lohnsteuer amtliche Lohnsteuertabellen. Es kann allerdings durchaus vorkommen, dass zwei Mitarbeiter mit demselben Bruttolohn unterschiedlich hohe Steuerabzüge entrichten müssen. Das kann verschiedene Ursachen haben, zum Beispiel

- steuerpflichtige und steuerfreie Lohnbestandteile oder
- unterschiedliche Zusammensetzung des Lohnes.

Steuerpflichtige und steuerfreie Lohnbestandteile

Allgemein sind sämtliche Einnahmen eines Arbeitnehmers aus einem Dienstverhältnis steuerpflichtig. Der Gesetzgeber hat allerdings zu dieser Grundregel Ausnahmen erlassen. Steuerfrei bleiben zum Beispiel folgende Zuwendungen des Arbeitgebers an den Arbeitnehmer:

- Zuwendungen anlässlich einer Eheschließung bis zu 315 Euro (voraussichtlich nur noch in 2006),
- Zuwendungen anlässlich der Geburt eines Kindes bis zu 315 Euro (voraussichtlich nur noch in 2006),
- Kindergeldzahlungen,
- Entschädigungen für die betriebliche Nutzung von Werkzeugen eines Arbeitnehmers (= Werkzeuggeld),
- Trinkgelder von Dritten,
- bestimmte Zuschläge für Sonntags-, Feiertags- und Nachtarbeit.

---

* 8 Prozent in Baden-Württemberg, Bayern, Bremen und Hamburg; in allen übrigen Bundesländern 9 Prozent

Alles, was nicht ausdrücklich steuerfrei ist, ist steuerpflichtig, so zum Beispiel:

- ❑ Lohn beziehungsweise Gehalt,
- ❑ Zulagen und Prämien,
- ❑ Überstundenzuschläge,
- ❑ Urlaubs- und Weihnachtsgeld,
- ❑ ein eventuell gewährtes 13. Monatsgehalt,
- ❑ geldwerter Vorteil für Sachbezüge (Dienstwohnung, Firmen-Pkw).

Unterschiedliche Zusammensetzung des Lohnes

! Nicht alle Zuwendungen des Arbeitgebers an den Arbeitnehmer werden nach der gleichen Lohnsteuertabelle besteuert. Neben Jahreslohnsteuertabellen gibt es auch Monats- und sogar Tageslohnsteuertabellen. Alle regelmäßigen Zahlungen werden nach der Monatslohnsteuertabelle abgerechnet (zum Beispiel laufender Lohn/Gehalt, Überstundenvergütungen), alle einmaligen Zahlungen nach der Jahressteuertabelle (zum Beispiel Urlaubs- und Weihnachtsgeld, Jahresprämien, Urlaubsabgeltung für nicht genommenen Urlaub bei Ausscheiden, Prämien für Verbesserungsvorschläge, Tantiemen).

Alle Lohnabrechnungen der Arbeiter werden in einer Lohnliste, alle Gehaltsabrechnungen für Angestellte in einer Gehaltsliste zusammengefasst. Aus diesen Listen ergibt sich eine Aufgliederung des Gesamtlohnes/Gesamtgehaltes auf die einzelnen Arbeitnehmer. Die Endsummen bilden dann die jeweiligen Grundlagen für die vorzunehmenden Buchungen in der Buchhaltung.

Probleme bei den Abzügen für die Sozialversicherung

Für die weitere Berechnung wird davon ausgegangen, dass folgende Beitragssätze Gültigkeit besitzen:

Krankenversicherung (KV): 13,5 Prozent
Pflegeversicherung (PV): 1,7 Prozent
Arbeitslosenversicherung (ALV): 6,5 Prozent
Rentenversicherung (RV): 19,5 Prozent

Summe: 41,2 Prozent

Dabei entfallen je 50 Prozent auf den Arbeitnehmer (= 20,6 Prozent) und auf den Arbeitgeber (= 20,6 Prozent).
Genau wie die Lohnsteuer wird auch der zu entrichtende Sozialversicherungsbeitrag vom Bruttolohn berechnet. Anders als bei der Lohnsteuer gibt es bei den Sozialversicherungsabzügen aber nach oben gesetzte Höchstgrenzen, die so genannten Beitragsbemessungsgrenzen. Sie werden jedes Kalenderjahr neu festgesetzt.

z.B. Der Sozialversicherungsbeitrag für den Arbeitnehmer beläuft sich bei einem Monatsgehalt von:

a) 3.540 Euro
b) 4.700 Euro

auf wie viel Euro?
Antwort:

a) 729,24 Euro (20,6 Prozent von 3.540 Euro)
b) 968,20 Euro (20,6 Prozent von 4.700 Euro)

Die buchhalterische Erfassung im Lohn- und Gehaltsbereich: Wie Ihnen bereits bekannt ist, bekommt ein Arbeitnehmer von seinem Bruttolohn nur den Teil seines Lohnes ausgezahlt, der nach den gesetzlichen Abzügen für Lohn- und Kirchensteuer inklusive Solidaritätszuschlag sowie dem Abzug der Sozialversicherungsbeiträge übrig bleibt. Die Abzüge muss der Arbeitgeber im Auftrag des Arbeitnehmers an das Finanzamt und an die Krankenkasse abführen.
Ein Arbeitnehmer erhält einen Bruttolohn von 4.500 Euro. An Lohn- und Kirchensteuer sowie an Solidaritätszuschlag fallen 412 Euro (geschätzt) an, die Sozialversicherung beträgt 927 Euro (20,6 Prozent von 4.500 Euro). Zusätzlich muss der Arbeitgeber noch mal den gleichen Betrag an Sozialversicherung bezahlen.
Löhne und Gehälter sowie der Arbeitgeberanteil zur Sozialversicherung stellen für den Arbeitgeber Kosten dar. Wäre in unserem Beispiel Bruttolohn = Nettolohn, müsste gebucht werden:

Lohnkosten:	4.500 Euro
an Bank:	4.500 Euro

Sie wissen aber, dass vom Bruttolohn noch Abzüge in Höhe von 1.339 Euro (= 412 + 927) heruntergerechnet werden, sodass der Arbeitnehmer entsprechend weniger (nämlich 4.500 – 1.339 = 3.161 Euro) ausgezahlt bekommt.
Somit muss der weiterentwickelte Buchungssatz lauten:

Lohnkosten:	4.500 Euro
an ?:	1.339 Euro
an Bank:	3.161 Euro

z.B.

Würden die abzuführenden Beiträge vom Arbeitgeber sofort überwiesen, müsste für das ? ebenfalls das Konto »Bank« eingesetzt werden. Aus dem zuvor Erläuterten wissen Sie aber, dass die Lohnsteuer/Kirchensteuer/Solidaritätszuschlag/Sozialversicherungsbeiträge am drittletzten Arbeitstag des Monats bezahlt werden. Demzufolge werden die abzuführenden Beiträge bis zur endgültigen Bezahlung auf Verbindlichkeitskonten »zwischengeparkt«. Zweckmäßigerweise werden dabei die Verbindlichkeiten gegenüber dem Finanzamt buchhalterisch von den Verbindlichkeiten gegenüber der Krankenkasse getrennt.

Der korrekte und vollständige Buchungssatzbestand lauted:

Konto	Soll	Haben
Lohnkosten	4.500 €	
an Verbindlichkeiten gegenüber Krankenkasse		927 €
an Verbindlichkeiten gegenüber dem Finanzamt		412 €
an Bank		3.161 €

Das ist aber noch nicht alles. Der Arbeitgeber schießt noch mal in gleicher Höhe den Sozialversicherungsbeitrag zu.

Dieser wird wiederum separat erfasst und gebucht:

Konto	Soll	Haben
Arbeitgeberanteil zur Sozialversicherung (= Kostenkonto)	927 €	
an Verbindlichkeiten gegenüber der Krankenkasse		927 €

Die Ausgleichsbuchung erfolgt dann spätestens für die Verbindlichkeiten gegenüber der Krankenkasse am drittletzten Werktag im selben Monat bzw. spätestens am 10. des Folgemonats für die Steuerschulden bei Überweisung der abzuführenden Beträge durch folgende Buchung:

Konto	Soll	Haben
Verbindlichkeiten gegenüber Krankenkasse	1.854 €	
Verbindlichkeiten gegenüber dem Finanzamt	412 €	
an Bank		2.266 €

Zum besseren Verständnis wird der gesamte Vorfall nochmals auf Konten gebucht:

S	Lohnkosten		H
1)	4.500		

S	AG-Anteil Sozialvers.		H
2)	927		

S	Bank		H
			3.161 2.266

S	Verbindlichkeiten Finanzamt		H
3)	412	1)	412

1) Lohnkosten: 4.500 Euro
an Verbindlichkeiten gegenüber der Krankenkasse: 927 Euro
an Verbindlichkeiten gegenüber dem Finanzamt: 412 Euro
an Bank: 3.161 Euro

2) Arbeitgeberanteil zur Sozialversicherung: 927 Euro
an Verbindlichkeiten gegenüber der Krankenkasse: 927 Euro

3) Verbindlichkeiten gegenüber der Krankenkasse: 1.854 Euro
Verbindlichkeiten gegenüber dem Finanzamt: 412 Euro
an Bank: 2.266 Euro

Im Ergebnis bleibt festzuhalten, dass Sie Kosten in Höhe von 5.427 Euro haben (Lohnkosten 4.500 Euro und Arbeitgeberanteil zur Sozialversicherung 927 Euro), die in derselben Höhe durch die Bank überwiesen wurden (3.161 Euro + 2.266 Euro), wohingegen nach der Bezahlung beide Verbindlichkeitenkonten einen ausgeglichenen Saldo aufweisen.

In der Praxis kommt es immer wieder vor, dass bei der Lohn- und Gehaltsabrechnung weitere Besonderheiten auftreten:

1. Es werden Mitarbeitern Vorschüsse gewährt, die mit den nächsten Monatslöhnen verrechnet werden,
2. die Mitarbeiter erbitten Abschlagszahlungen auf das Monatsgehalt,
3. neben dem Barlohn/Bargehalt werden den Mitarbeitern noch andere »geldwerte« Vorteile gewährt (zum Beispiel Firmen-Pkw, Zuschuss zur Mahlzeit, verbilligte Wohnungsüberlassung).

Es werden Mitarbeitern Vorschüsse gewährt, die mit den nächsten Monatslöhnen verrechnet werden

z.B. Sie gewähren einem Ihrer Mitarbeiter Anfang Oktober 2007 einen Vorschuss auf zukünftige Lohnzahlungen in Höhe von 4.000 Euro. Dabei wird vereinbart, dass der Mitarbeiter diesen Vorschuss in monatlichen Raten von 400 Euro zurückzahlt (er bekommt also zehn Monate lang jeden Monat 400 Euro weniger Nettogehalt ausgezahlt). Es sei in Analogie zu unserem letzten Beispiel angenommen, dass der Mitarbeiter ein monatliches Bruttogehalt von 4.500 Euro erhält. An Lohn- und Kirchensteuer sowie an Solidaritätszuschlag fallen 412 Euro (geschätzt) an, die Sozialversicherung beträgt wieder 927 Euro (20,6 Prozent von 4.500 Euro). Zusätzlich muss der Arbeitgeber noch mal den gleichen Betrag an Sozialversicherung aufwenden. Entscheidende Frage hier ist: Wie wird der Vorschuss korrekt verbucht?

Der Vorschuss muss so verbucht werden, dass Sie Ende des Jahres insgesamt 13.500 Euro (= für die Monate Oktober bis Dezember) Lohnkosten plus 2.781 Euro Arbeitgeberanteil zur Sozialversicherung (= 3 × 927 Euro) gewinnmindernd in Ihrer Gewinn-und-Verlust-Rechnung berücksichtigt haben. Die Folge daraus ist, dass der Gehaltsvorschuss »erfolgsneutral« auf dem Konto »Forderungen gegenüber Mitarbeitern« erfasst werden muss, das heißt, der ausgezahlte Vorschuss in Höhe von 4.000 Euro im Oktober darf keinen Einfluss auf die Kosten in Ihrer Gewinn-und-Verlust-Rechnung nehmen.
Zum besseren Verständnis wird der gesamte Vorfall auf Konten gebucht:

S	Lohnkosten		H
2)	4.500		

S	Bank		H
		1)	4.000
			2.761

S	Verbindlichkeiten Krankenkasse		H
			927
		3)	927

S	Verbindlichkeiten Finanzamt		H
		2)	412

S	Forderungen gegen Mitarbeiter		H
1)	4.000	2)	400

Der Vorschuss in Höhe von 4.000 Euro wird Anfang Oktober an den Mitarbeiter ausgezahlt:

1) Forderungen gegenüber Mitarbeiter: 4.000 Euro
   an Bank 4.000 Euro

Ende Oktober wird die erste Rate von 400 Euro vom Nettogehalt einbehalten:

2) Lohnkosten: 4.500 Euro
an Verbindlichkeiten gegenüber der Krankenkasse: 927 Euro
an Verbindlichkeiten gegenüber dem Finanzamt: 412 Euro
an Forderungen gegenüber Mitarbeitern: 400 Euro
an Bank: 2.761 Euro

3) Arbeitgeberanteil zur Sozialversicherung: 927 Euro
an Verbindlichkeiten gegenüber der Krankenkasse 927 Euro

Sie erkennen im zweiten Buchungssatz, dass der Nettolohn gegenüber unserem Ausgangsbeispiel um 400 Euro gesunken ist (= 1/10 von 4.000). Aufgrund der buchhalterischen Forderung Soll = Haben wird der übrig gebliebene Betrag in Höhe von 400 Euro auf der Habenseite des Kontos »Forderungen gegenüber Mitarbeiter« verbucht. Wenn Sie in der vorgestellten Weise buchen, zeigt Ihnen der Saldo des Kontos »Forderungen gegenüber Mitarbeiter« immer den aktuellen Stand an, wie viel noch mit zukünftigen Lohnzahlungen verrechnet werden muss. Das Konto weist Ende Oktober einen Saldo von 3.600 Euro auf, was exakt einer Restlaufzeit von neun Monaten à 400 Euro gleichkommt. Haben Sie mehreren Mitarbeitern Vorschüsse gewährt, richten Sie einfach für jeden Mitarbeiter ein eigenes Forderungskonto ein.

Die Mitarbeiter erbitten Abschlagszahlungen auf das Monatsgehalt

Ähnlich wie bei den Vorschüssen werden auch Abschlagszahlungen an Mitarbeiter zunächst erfolgsunwirksam erfasst und am Ende des

Monats erfolgswirksam verrechnet. Abschlagszahlungen werden von den Mitarbeitern innerhalb eines Monats zurückgezahlt, die Rückzahlung von Vorschüssen kann sich dagegen auf mehrere Monate erstrecken.

z.B. Sie gewähren einem Ihrer Mitarbeiter Anfang Oktober 2007 eine Abschlagszahlung auf den noch zu zahlenden Oktoberlohn in Höhe von 400 Euro. Genau wie in unserem letzten Beispiel sei auch hier wieder angenommen, dass der Mitarbeiter ein monatliches Bruttogehalt von 4.500 Euro erhält. An Lohn- und Kirchensteuer sowie an Solidaritätszuschlag fallen 412 Euro (geschätzt) an, die Sozialversicherung beträgt ebenfalls wieder 927 Euro (20,6 Prozent von 4.500 Euro). Zusätzlich muss der Arbeitgeber nochmals den gleichen Betrag an Sozialversicherung aufwenden.

Zum besseren Verständnis wird der gesamte Vorfall auf Konten gebucht:

S	Lohnkosten		H
2	4.500		

S	AG-Anteil Sozialvers.		H
3)	927		

S	Bank		H
			400
			2.761

S	Verbindlichkeiten Krankenkasse		H
			927
		3)	927

S	Verbindlichkeiten Finanzamt		H
		2)	412

S	Forderungen gegen Mitarbeiter		H
1)	400	2)	400

1) Forderungen gegenüber Mitarbeiter: 400 Euro
an Bank: 400 Euro

Ende Oktober wird die erste Rate von 400 Euro vom Nettogehalt einbehalten:

2) Lohnkosten: 4.500 Euro
an Verbindlichkeiten gegenüber der Krankenkasse: 927 Euro
an Verbindlichkeiten gegenüber dem Finanzamt: 412 Euro
an Forderungen gegenüber Mitarbeitern: 400 Euro
an Bank: 2.761 Euro

3) Arbeitgeberanteil zur Sozialversicherung: 927 Euro
an Verbindlichkeiten gegenüber der Krankenkasse: 927 Euro

Wie Sie sicherlich richtig erkannt haben, stellt eine Abschlagszahlung buchhalterisch nichts anderes als einen Vorschuss dar, der zum nächsten Monatsende komplett zurückgezahlt wird.

3. Neben dem Barlohn/Bargehalt werden den Mitarbeitern noch andere »geldwerte« Vorteile gewährt

Unter den Begriff »geldwerter Vorteil« fällt alles, was ein Arbeitgeber dem Arbeitnehmer im Rahmen seines Beschäftigungsverhältnisses zukommen lässt und nicht in einer Geldzahlung besteht, zum Beispiel ein Firmen-Pkw, der auch privat genutzt werden darf, verbilligte Mahlzeiten, Werkswohnung zu einem verbilligten Mietpreis und so weiter. Diese »Annehmlichkeiten« müssen allerdings vom Arbeitnehmer lohnversteuert werden, das heißt, er muss einen bestimmten Betrag mit seinem individuellen Steuersatz dafür versteuern, dass er den geldwerten Vorteil in Anspruch nimmt.

z.B.

Ein Arbeitnehmer erhält einen Bruttolohn von 4.500 Euro. An Lohn- und Kirchensteuer sowie an Solidaritätszuschlag fallen 412 Euro (geschätzt) für den Lohn an, die Sozialversicherung beträgt 927 Euro (20,6 Prozent von 4.500 Euro). Zusätzlich muss der Arbeitgeber noch mal den gleichen Betrag an Sozialversicherung bezahlen. Darüber hinaus stellen Sie Ihrem Arbeitnehmer noch einen Firmen-Pkw zur Verfügung, den er auch für Privatfahrten nutzen darf. Es sei angenommen, dass der Anschaffungspreis des Pkw brutto (also inklusive gesetzlicher Umsatzsteuer) 40.070 Euro und die Entfernung von der Wohnung zur Arbeitsstätte 3 Kilometer betragen.

Nach der so genannten Ein-Prozent-Regelung hängt die Höhe des zu versteuernden geldwerten Vorteils (= Sachbezug) von zwei Faktoren ab:

dem auf volle hundert Euro gekürzten Bruttoanschaffungspreis des Pkw (also inklusive der gesetzlichen Umsatzsteuer) und

der Entfernung Wohnung–Arbeitsstätte des Arbeitnehmers, dem ein Firmenfahrzeug zur Verfügung gestellt wird.

Die Berechnung des geldwerten Vorteils muss nach aktuellem Steuerrecht für unser Beispiel wie folgt vorgenommen werden:

	1 Prozent von 40.000 (40.070 Euro auf volle hundert Euro nach unten gerundet)	=	400 Euro
+	0,03 Prozent von 40.000 × 3 Entfernungskilometer	=	36 Euro
=	Summe des zu versteuernden geldwerten Vorteils	=	436 Euro

Die Lohnabrechnung des Mitarbeiters hat vereinfacht folgendes Aussehen:

	Bruttolohn	4.500,00 Euro
+	geldwerter Vorteil	436,00 Euro*
=	Gesamtbezüge	4.936,00 Euro
–	Lohnsteuer, Kirchensteuer, Solidaritätszuschlag	500,00 Euro**
–	Sozialversicherung	1.016,82 Euro***
=	Nettobezüge	3.419,18 Euro
–	geldwerter Vorteil	436,00 Euro*
=	Barauszahlung	2.983,18 Euro

Für Sie als Unternehmer kommt bei der Verbuchung unseres Beispiels noch eine weitere Besonderheit hinzu. Für den Arbeitgeber stellt der gewährte geldwerte Vorteil immer eine umsatzsteuerpflichtige Leistung dar. Umsatzsteuerlich liegt ein so genannter »tauschähnlicher Umsatz« vor, dessen Wert sich nach der nicht in Barlohn abgegoltenen Arbeitsleistung (hier also 436 Euro) bemisst, mit der Folge, dass aus dem Gesamtbetrag des geldwerten Vorteils noch 16 Prozent Umsatzsteuer herausgerechnet werden müssen. Umsatzsteuerlich stellt der Betrag von 436 Euro demnach 116 Prozent dar.

---

* Der geldwerte Vorteil muss lohnversteuert werden. Zu diesem Zweck wird er in der Lohnabrechnung zum Bruttolohn addiert. Dadurch wird sichergestellt, dass er ordnungsgemäß sowohl der Lohnsteuer als auch der Sozialversicherung unterworfen wird. Da der Arbeitnehmer den Pkw bereits vom Arbeitgeber gestellt bekommen hat und ihn auch nutzt, muss der nur für steuer- und sozialversicherungsrechtliche Zwecke errechnete Betrag in Höhe von 436 Euro in unserem Beispiel vom Nettolohn wieder subtrahiert werden; andernfalls würde dem Arbeitnehmer sowohl ein Pkw zur Verfügung gestellt als auch zusätzlich noch eine »Lohnerhöhung« gewährt.

** Die Steuerabzüge setzen sich zusammen aus 412 Euro für den Bruttolohn von 4.500 Euro und geschätzten 88 Euro für den geldwerten Vorteil in Höhe von 436 Euro. (Die exakten Steuerabzugsbeträge können in einer amtlichen Steuerabzugstabelle nachgelesen werden; für unser Beispiel wurden sie zum Zwecke der Erklärung und Vereinfachung geschätzt.)

*** Der zu zahlende Sozialversicherungsbeitrag bezieht sich nunmehr auf einen höheren Gesamtbezug von insgesamt 4.936 Euro inklusive der 436 Euro für den geldwerten Vorteil. 20,6 Prozent von 4.936 Euro = 1.016,82 Euro.

	375,86 Euro	(100 Prozent)
+	60,14 Euro	(16 Prozent)
=	436,00 Euro	(116 Prozent)

Verbuchung des gesamten Sachverhaltes auf Konten:

S	Lohnkosten		H
1)	4.936,00		

S	AG-Anteil Sozialvers.		H
2)	1.016,82		

S	Bank		H
		1)	2.983,18

S	Verbindlichkeiten Krankenkasse		H
		1)	1.016,82
		2)	1.016,82

S	Verbindlichkeiten Finanzamt		H
		1)	500,00

S	sonstige betriebliche Erträge		H
		1)	375,86

S	Umsatzsteuer 16 %		H
		1)	60,14

1) Lohnkosten: 4.936,00 Euro
an Verbindlichkeiten gegenüber der Krankenkasse: 1.016,82 Euro
an Verbindlichkeiten gegenüber dem Finanzamt: 500,00 Euro
an sonstige betriebliche Erträge: 375,86 Euro
an Umsatzsteuer (16 Prozent): 60,14 Euro
an Bank: 2.983,18 Euro

2) Arbeitgeberanteil zur Sozialversicherung: 1.016,82 Euro
an Verbindlichkeiten gegenüber der Krankenkasse: 1.016,82 Euro

11.

Buchungen im Einkaufs- und Verkaufsbereich

In der Praxis kommt es speziell beim Verbuchen von Ein- und Ausgangsrechnungen häufig zu Problemen.

Häufig vorkommende Buchungen im Einkaufsbereich

z.B. Sie beziehen von Ihrem Lieferanten Rohstoffe für 20.000 Euro zuzüglich 16 Prozent Umsatzsteuer. Daneben fallen für den Transport und die Verpackung noch Bezugskosten in Höhe von 3.000 Euro zuzüglich 16 Prozent Umsatzsteuer an. Nach der Materialeingangsprüfung in Ihrem Hause stellen Sie fest, dass Rohstoffe im Wert von 2.500 Euro zuzüglich 16 Prozent Umsatzsteuer wegen unzureichender Qualität an den Lieferanten zurückgeschickt werden müssen. Aufgrund weiterer verschiedener Mängelrügen einigen Sie sich mit Ihrem Lieferanten darauf, dass er Ihnen einen weiteren Preisnachlass von insgesamt 1.500 Euro (netto) gewährt, den Sie bei der Bezahlung sofort in Abzug bringen können. Sie bezahlen den verbleibenden Rechnungsbetrag für die Rohstofflieferung innerhalb von zehn Tagen unter Abzug von 3 Prozent Skonto und die gesamten Bezugskosten ohne jeden Abzug.

Mit diesem Beispiel haben Sie den Großteil der in der Praxis vorkommenden Fälle abgedeckt. Wir werden es nun genauer analysieren und einzeln durchsprechen. Neben der eigentlichen Rohstofflieferung (= Rohstoffbezug) fallen zusätzlich noch Verpackungs- und Transportkosten (= Bezugskosten) an. Einen Teil der Rohstoffe schicken Sie an Ihren Lieferanten zurück (= Rücksendung); für einen weiteren Teil der Sendung vereinbaren Sie einen nachträglichen Preisnachlass (= Preisnachlass). Sämtliche nicht beanstandeten Rechnungsbeträge bezahlen Sie unter Ausnutzung von Skonto (= Skontoabzug).

Rohstoffbezug und Bezugskosten

Sie beziehen von Ihrem Lieferanten für 20.000 Euro Rohstoffe. Daneben fallen für den Transport und die Verpackung noch Bezugskosten in Höhe von 3.000 Euro an.
Es kommt in der Praxis häufig vor, dass neben den reinen Materialkosten zusätzlich noch Kosten für den Bezug des Materials aufgewendet werden müssen. Zu den Anschaffungskosten zählen alle Aufwendungen, die Sie leisten müssen, um einen Vermögensgegenstand (zum Beispiel Rohstoffe) zu erwerben und in einen betriebsbereiten Zustand zu versetzen, soweit sie dem Vermögensgegenstand einzeln zugeordnet werden können. Außerdem zählen auch Nebenkosten (zum Beispiel Bezugskosten) zu den Anschaffungskosten. Nebenkosten sind alle Aufwendungen, die Sie zusätzlich tätigen, um den Vermögensgegenstand zu erwerben, soweit die Nebenkosten einem bestimmten Vermögensgegenstand einzeln zugeordnet werden können, zum Beispiel Kosten für die Verpackung, Transportkosten, Versicherungskosten, Einfuhrzölle.
In unserem Beispiel beziehen sich die 3.000 Euro Transport- und Verpackungskosten nicht auf irgendeine Lieferung, sondern können eindeutig der Rohstofflieferung zugeordnet werden. Insofern stellen sie Nebenkosten der Anschaffung dar und gehen damit in die Anschaffungskosten ein. Nicht zu den Anschaffungskosten zählt die Vorsteuer, da sie nur ein »durchlaufender Posten« ist.
Für die Verbuchung des Rohstoffbezugs und der Bezugskosten haben sich in der Praxis zwei Arten von Buchungen bewährt:

1. eine Buchung über ein Konto
2. zwei Buchungen über zwei Konten

Eine Buchung über ein Konto bedeutet, dass die 20.000 Euro für den Rohstoffbezug und die 3.000 Euro für die Bezugskosten addiert und in einer Summe auf das Konto »Rohstoffe« gebucht werden.

Konto	Soll	Haben
Rohstoffe	23.000 €	
Vorsteuer	3.680 €	
an Verb. a. L.+L.		26.680 €

Alternativ haben Sie auch die Möglichkeit, den Rohstoffbezug mit 20.000 Euro auf das Konto »Rohstoffe« zu verbuchen und für die Bezugskosten ein separates Konto mit dem Namen »Bezugskosten für Rohstoffe« anzulegen, das Ende des Jahres über das Rohstoffkonto abgeschlossen wird.

Konto	Soll	Haben
Rohstoffe	20.000 €	
Vorsteuer	3.200 €	
an Verb. a. L.+L.		23.200 €

Konto	Soll	Haben
Bezugskosten für Rohstoffe	3.000 €	
Vorsteuer	480 €	
an Verb. a. L.+L.		3.480 €

Am Jahresende:

Konto	Soll	Haben
Rohstoffe	3.000 €	
an Bezugskosten für Rohstoffe		3.000 €

Wie Sie sehen, führen beide Buchungsalternativen zum selben Ergebnis; in beiden Fällen steht Ende des Jahres auf dem Konto »Rohstoffe« ein Betrag von 23.000 Euro im Soll. Jedoch hat die zweite Buchungsvariante den Vorteil, dass Sie jederzeit einen Überblick darüber haben, wie viel Geld Sie innerhalb eines Jahres für Bezugskosten ausgegeben haben.

Tipp Sie können nicht nur für das Konto »Rohstoffe« ein separates Bezugskostenkonto anlegen, sondern für jedes Wareneingangskonto, zum Beispiel auch für Hilfsstoffe, Betriebsstoffe, bezogene Waren, Waren, Fertigteile, Material und so weiter. Damit haben Sie einen jederzeitigen Überblick darüber, welchen Teil die Bezugskosten vom eigentlichen Wareneingang »verschlingen«.

Rücksendungen durch uns an unseren Lieferanten

In unserem Ausgangsbeispiel sind wir davon ausgegangen, dass Sie nach der Materialeingangsprüfung Rohstoffe im Wert von 2.500 Euro plus 16 Prozent Umsatzsteuer wegen unzureichender Qualität an Ihren Lieferanten zurückgeschickt haben. Im Ergebnis müssen Sie in Ihrer Buchführung so verfahren, dass Sie auf dem Konto »Rohstoffe« einen Zugang von 20.000 Euro + 3.000 Euro – 2.500 Euro = 20.500 Euro ausweisen. Eine Rücksendung wird buchhalterisch so behandelt, als ob die Lieferung überhaupt nicht stattgefunden hätte. Im konkreten Fall heißt das, dass die Rücksendung genau umgekehrt gebucht werden muss wie die Lieferung. Wenn Sie bereits die Lieferung mit dem Buchungssatz

Konto	Soll	Haben
Rohstoffe	23.000 €	
Vorsteuer	3.680 €	
an Verb. a. L.+L.		26.680 €

in Ihrer Buchführung erfasst haben, buchen Sie die anschließende »Teilrücksendung« auf denselben Konten, nur auf der anderen Seite, also:

Konto	Soll	Haben
Verb. a. L.+L.	2.900 €	
an Rohstoffe		2.500 €
an Vorsteuer		400 €

Haben Sie die Materialeingangsprüfung vor der buchhalterischen Erfassung vorgenommen, können Sie auch den Rechnungsbetrag sofort um den Betrag der Rücksendung kürzen und entsprechend buchen:

Konto	Soll	Haben
Rohstoffe	20.500 €	
Vorsteuer	3.280 €	
an Verb. a. L.+L.		23.780 €

Beide Kombinationen kommen zum selben Ergebnis: Zum Schluss steht auf dem Konto »Rohstoffe« ein korrekter Betrag von 20.500 Euro.

Preisnachlass, den uns ein Lieferant gewährt

Preisnachlässe aufgrund von Mängelrügen, nachträglich gewährte Rabatte oder Jahresboni mindern die Anschaffungskosten des bezogenen Materials. Sie zählen zu den Anschaffungspreisminderungen und mindern sofort die Anschaffungskosten der bezogenen Materialien. In unserem Beispielfall haben Sie sich mit Ihrem Lieferanten auf einen zusätzlichen Preisnachlass von insgesamt 1.500 Euro netto geeinigt. Genau wie bei den Bezugskosten haben Sie die Möglichkeit, den Preisnachlass sofort über das Rohstoffkonto abzuwickeln oder ein Zwischenkonto »Gewährte Nachlässe« einzuschieben, welches am Jahresende über das Rohstoffkonto abgeschlossen wird.

1. Möglichkeit:

Konto	Soll	Haben
Rohstoffe	18.500 €	
Vorsteuer	2.960 €	
an Verb. a. L.+L.		21.460 €

2. Möglichkeit:

Konto	Soll	Haben
Rohstoffe	20.000 €	
Vorsteuer	3.200 €	
an Verb. a. L.+L.		23.200 €

Konto	Soll	Haben
Verb. a. L.+L.	1.740 €	
an gewährte Nachlässe		1.500 €
an Vorsteuer		240 €

Am Jahresende:

Konto	Soll	Haben
Gewährte Nachlässe	1.500 €	
an Rohstoffe		1.500 €

Unabhängig von Ihrer Wahl führen auch hier wieder beide Buchungsalternativen zu demselben Ergebnis; am Ende des Jahres steht auf dem Konto »Rohstoffe« in beiden Fällen ein Betrag von 18.500 Euro im Soll. Jedoch bietet es sich auch hier wieder an, für Nachlässe ein separates Konto einzurichten, um das Zahlenwerk Ihrer Buchführung transparenter zu gestalten.

Tipp Sie haben auch die Möglichkeit, jedem Wareneingangskonto ein separates »Nachlasskonto« zuzuordnen, so zum Beispiel für Rohstoffe, Hilfsstoffe, Betriebsstoffe, bezogene Waren, Waren, Fertigteile, Material und so weiter. Sie dürfen nur nicht vergessen, diese Konten am Jahresende über das jeweilige Wareneingangskonto abzuschließen.

Wir bezahlen die Eingangsrechnung unter Abzug von Skonto

Grundsätzlich ist jeder Lieferant daran interessiert, möglichst schnell sein Geld für die gelieferte Ware zu bekommen. Um den Kunden zum pünktlichen Begleichen seiner Rechnung zu bewegen, wird meistens vereinbart, dass er vom Rechnungsbetrag Skonto einbehalten kann, wenn er innerhalb einer bestimmten Zeit zahlt. In unserem Beispiel ist der Abzug von 3 Prozent Skonto erlaubt, wenn die Rechnung innerhalb von zehn Tagen beglichen wird. Skonto stellt damit eine Belohnung für die vorzeitige Zahlung dar.

Tipp Sie sollten in jedem Fall versuchen, sämtliche Rechnungen unter Ausnutzung von Skonto zu begleichen, selbst wenn Sie dafür einen kurzfristigen Kredit bei Ihrer Bank aufnehmen müssen. Die Vereinbarung »Abzug von 2 Prozent Skonto bei Zahlung innerhalb von zehn Tagen oder 30 Tage netto« gleicht einem Jahreszinssatz von 36 Prozent (360 Tage ÷ 20 Tage à 2 Prozent). Mit anderen Worten: Dafür, dass Sie Ihre Rechnung nur 20 Tage früher bezahlen, können Sie sich 2 Prozent vom Rechnungsbetrag abziehen. Würden Sie das 18-mal hintereinander mit demselben Lieferanten wiederholen, hätten Sie innerhalb eines Jahres eine zusätzliche Ersparnis von 36 Prozent. Damit liegt das Einsparungspotenzial immer noch deutlich über einem kurzfristigen Kontokorrentzinssatz von beispielsweise 12,5 Prozent bei Ihrer Hausbank.

Der in Anspruch genommene Skontoabzug stellt für Sie als Geldschuldner einen nachträglichen Ertrag dar, der Ihre Geldschuld vermindert. In der Praxis ist es deshalb üblich, diesen Ertrag auf einem separaten Konto »Skontoertrag« zu erfassen.

z.B. Sie kaufen Waren für 2.000 Euro plus 16 Prozent Umsatzsteuer ein und bezahlen die Rechnung innerhalb von zehn Tagen unter Abzug von 2 Prozent Skonto.
Buchungssätze:

Konto	Soll	Haben
Waren	2.000 €	
Vorsteuer	320 €	
an Verb. a. L.+L.		2.320,00 €
Konto	Soll	Haben
Verb. a. L.+L.	2.320 €	
an Skontoertrag		40,00 €
an Vorsteuer		6,40 €
an Bank		2.273,60 €

An diesem Beispiel erkennen Sie, dass der Skontoertrag genau wie der Wareneingang netto gebucht und die Vorsteuer separat berichtigt wird. Das muss auch so sein, aber warum?
Im Ergebnis darf bei einem Kauf von Waren im Wert von 2.000 Euro und 2 Prozent Skontoabzug bei vorzeitiger Zahlung buchhalterisch nichts anderes erfasst werden, als wenn von vornherein ein Preisnachlass von 2 Prozent gewährt worden wäre. Bei einem 2-prozentigen Preisnachlass hätten Sie auf dem Konto »Waren« nur 1.960 Euro (2.000 Euro – 2 Prozent) eingebucht. Bei einem Kauf im Wert von 2.000 Euro und einem nachträglichen Skontoabzug von 40 Euro wird dasselbe Ergebnis dadurch erreicht, dass der Skontoabzug von 40 Euro dem Wareneingang von 2.000 Euro gegenübergestellt wird, was wiederum einen Saldo von 1.960 Euro ergibt. Ebenfalls fällt in beiden Fällen eine Vorsteuer von »nur« 313,60 Euro an. Im ersten Fall eines 2-prozentigen Preisnachlasses 313,60 Euro (= 1.960 × 16 Prozent); im zweiten Fall 313,60 Euro (320 – 6,40).

Zusammengesetzter Buchungssatz für eine Eingangsrechnung inklusive aller Varianten

Spätestens zu diesem Zeitpunkt sollten Sie in der Lage sein, den zusammengesetzten Buchungssatz für unser Ausgangsbeispiel zu bilden. Dazu nochmals alle Varianten im Überblick:

	Rohstoffe	20.000 Euro
	Vorsteuer	3.200 Euro
	an Verbindlichkeiten a. L.+L.	23.200 Euro
	Bezugskosten für Rohstoffe	3.000 Euro
	Vorsteuer	480 Euro
	an Verbindlichkeiten a. L.+L.	3.480 Euro
	Verbindlichkeiten a. L.+L.	2.900 Euro
	an Rohstoffe	2.500 Euro
	an Vorsteuer	400 Euro
	Verbindlichkeiten a. L.+L.	1.740 Euro
	an Gewährte Nachlässe	1.500 Euro
	an Vorsteuer	240 Euro
Am Jahresende:	Rohstoffe	3.000 Euro
	an Bezugskosten für Rohstoffe	3.000 Euro
	Gewährte Nachlässe	1.500 Euro
	an Rohstoffe	1.500 Euro

Der zusammengesetzte Buchungssatz setzt sich aus der Summe sämtlicher zuvor einzeln durchgesprochener Buchungssätze zusammen.

Lieferung:

Rohstoffe	17.500,00 Euro
Bezugskosten für Rohstoffe	3.000,00 Euro
Vorsteuer	3.040,00 Euro
an gewährte Nachlässe	1.500,00 Euro
an Verbindlichkeiten a. L.+L.	22.040,00 Euro

Bezahlung:

Verbindlichkeiten a. L.+L.	22.040,00 Euro
an Skontoerträge	480,00 Euro*
an Vorsteuer	76,80 Euro*
an Bank	21.483,20 Euro

Jahresende:

Rohstoffe	1.500,00 Euro
Gewährte Nachlässe	1.500,00 Euro
an Bezugskosten für Rohstoffe	3.000,00 Euro

Häufig vorkommende Buchungen im Verkaufsbereich

Das Beispiel zum Einkaufsbereich lässt sich ebenso auf den Verkaufsbereich übertragen. Damit haben Sie auch im Verkaufsbereich alle Möglichkeiten anhand eines ausführlichen Beispiels durchgespielt.

---

* Bei der Bezahlung müssen sich die kompletten Verbindlichkeiten aus Lieferungen und Leistungen in Höhe von 22.040 Euro ausgleichen. Aus der Aufgabenstellung geht allerdings hervor, dass nur vom Betrag der Rohstoffe 3 Prozent Skonto abgezogen werden dürfen, nicht hingegen von den Bezugskosten (diese werden ohne jeden Abzug bezahlt). Demzufolge ergibt sich auch nur ein Skontoertrag netto von 17.500 – 1.500 = 16.000 à 3 Prozent = 480 Euro und damit eine Vorsteuerberichtigung in Höhe von 16 Prozent von 480 = 76,80 Euro.

z.B. Ein Kunde bezieht von Ihnen Fertigerzeugnisse für 20.000 Euro zuzüglich 16 Prozent Umsatzsteuer. Nach der Materialeingangsprüfung im Hause des Kunden stellt dieser fest, dass ein Teil der Fertigerzeugnisse erhebliche Mängel aufweist, und schickt Ihnen deshalb bereits verkaufte Ware im Gesamtwert von 2.500 Euro zuzüglich 16 Prozent Umsatzsteuer zurück. Aufgrund verschiedener weiterer Beanstandungen Ihres Kunden einigen Sie sich mit ihm darauf, dass Sie ihm einen zusätzlichen Preisnachlass von insgesamt 1.500 Euro (netto) gewähren, den er bei der Bezahlung sofort in Abzug bringen kann. Der Kunde bezahlt den verbleibenden Rechnungsbetrag für die Fertigerzeugnisse innerhalb von zehn Tagen unter Abzug von 3 Prozent Skonto.

Verkauf von Fertigerzeugnissen/Produkten

Verkaufen Sie einem Kunden Ihre Produkte oder Fertigerzeugnisse, stellt dieser Vorgang für Sie Verkaufserlöse dar. Wenn der Kunde nicht sofort bezahlt, begründen Sie damit auch gleichzeitig eine Forderung gegenüber Ihrem Kunden. Genau wie beim Einkauf fallen beim Verkauf von Waren/Produkten/Fertigerzeugnissen zusätzlich 16 Prozent Umsatzsteuer (in Ausnahmefällen 7 Prozent) zum Verkaufspreis Ihrer Waren an. Wie Sie bereits wissen, stellt die Umsatzsteuer für Sie nur einen durchlaufenden Posten dar. Die buchhalterische Erfassung in Ihren Geschäftsunterlagen sieht so aus:

Buchungssatz:	Forderungen a. L.+L.	23.000 Euro
	an Verkaufserlöse	20.000 Euro
	an 16 Prozent Umsatzsteuer	3.000 Euro

Ihr Kunde muss demnach insgesamt 23.000 Euro an Sie bezahlen. Die an Sie gezahlten 3.000 Euro Umsatzsteuer kann Ihr Kunde sich als Vorsteuer wieder beim Finanzamt zurückholen, wohingegen Sie die als Verbindlichkeit ausgewiesene Umsatzsteuer an das Finanzamt abführen müssen. Einer Forderung aus Lieferungen und Leistungen

(Forderungen a. L.+L.) in Höhe von 23.000 Euro stehen demzufolge Verkaufserlöse von 20.000 Euro netto und 16-prozentige Umsatzsteuer darauf in Höhe von 3.000 Euro gegenüber.

Rücksendungen des Kunden

In unserem Ausgangsbeispiel gingen wir davon aus, dass nach einer erfolgten Materialeingangsprüfung beim Kunden Fertigerzeugnisse im Gesamtwert von 2.500 Euro zuzüglich 16 Prozent Umsatzsteuer wegen erheblicher Mängel an uns zurückgeschickt werden. Häufig genug kommt es in der Praxis vor, dass Kunden mit den von uns gelieferten Waren oder Produkten nicht einverstanden sind, dass Produkte fehlerhaft oder mit mehr oder minder großen Mängeln behaftet sind.

Im Ergebnis müssen Sie in Ihrer Buchführung so verfahren, dass Sie auf dem Konto »Verkaufserlöse« einen Zugang von 20.000 Euro – 2.500 Euro = 17.500 Euro ausweisen. Eine Rücksendung wird buchhalterisch so behandelt, als ob die Lieferung überhaupt nicht stattgefunden hätte. Im konkreten Fall heißt das, dass die Rücksendung genau umgekehrt gebucht werden muss wie die Lieferung.

Bei der Lieferung haben Sie gebucht:

Forderungen a. L.+L.	23.200 Euro
an Verkaufserlöse	20.000 Euro
an 16 Prozent Umsatzsteuer	3.200 Euro

Bei einer Rücksendung muss die beanstandete Teilrücksendung demnach auf denselben Konten, nur auf der anderen Seite, zurückgebucht werden:

Verkaufserlöse	2.500 Euro
16 Prozent Umsatzsteuer	400 Euro
an Forderungen a. L.+L.	2.900 Euro

Durch die Buchung der Rücksendung auf den gleichen Konten wie beim Verkaufsvorgang, nur auf der anderen Seite, erreichen Sie, dass das Konto »Verkaufserlöse« 17.500 Euro im Haben ausweist, 2.800 Euro als 16-prozentige Umsatzsteuer im Haben gebucht wurden und dem insgesamt eine Forderung a. L.+L. in Höhe von 20.300 Euro gegenübersteht.

Preisnachlass, den wir einem Kunden gewähren

Bei einem gewährten Preisnachlass wird der Kunde ebenfalls weniger als ursprünglich gebucht bezahlen, nur sendet er nichts zurück, sondern behält stattdessen die Ware, für die er aber weniger als ursprünglich vereinbart bezahlen muss. In unserem Beispiel sind wir davon ausgegangen, dass nochmals ein zusätzlicher Preisnachlass von 1.500 Euro (netto) gewährt wird, der bei der Bezahlung berechtigterweise in Abzug gebracht werden kann.
Ebenso wie im Einkaufsbereich wird auch im Verkaufsbereich für Preisnachlässe aufgrund von Mängelrügen, nachträglich gewährte Rabatte oder Jahresboni in der Buchführung ein separates Konto mit der Bezeichnung »Erlösschmälerungen« eingerichtet, welches am Jahresende über das Konto »Verkaufserlöse« abgeschlossen wird.

Buchungssatz:	Erlösschmälerungen	1.500 Euro
	Umsatzsteuer	240 Euro
	an Forderungen a. L.+L.	1.740 Euro
Am Jahresende:	Verkaufserlöse	1.500 Euro
	an Erlösschmälerungen	1.500 Euro

Über das Zwischenkonto »Erlösschmälerungen« vermindern sich Ihre Verkaufserlöse zwar auch um 1.500 Euro, jedoch haben Sie bei der Einrichtung eines zusätzlichen Kontos einen jederzeitigen Überblick darüber, wie viel Euro an Erlös Ihnen pro Jahr dadurch entgingen, dass Sie Preisnachlässe aufgrund von Mängelrügen oder zusätzliche Rabatte gewähren mussten.

Tipp Haben Sie für jeweils eine Produktgruppe ein Erlöskonto, können Sie ohne weiteres auch für jedes dieser Konten ein separates Erlösschmälerungskonto einrichten. Nur müssen Sie am Jahresende das Erlösschmälerungskonto über das jeweilige Verkaufserlöskonto abschließen.

Kunde zieht sich bei der Bezahlung der Ausgangsrechnung Skonto ab

So wie Sie von Ihrem Lieferanten Skonto fordern, fordern auch Ihre Kunden von Ihnen einen Anreiz für vorzeitige Zahlung.
Der in Anspruch genommene Skontoabzug stellt für Sie als Zahlungsempfänger einen nachträglichen Aufwand dar, der Ihren Zahlungseingang vermindert. In der Praxis ist es deshalb üblich, diesen Aufwand auf einem separaten Konto »Skontoaufwand« zu erfassen.

z.B. Sie verkaufen Waren für 2.000 Euro plus 16 Prozent Umsatzsteuer an einen Kunden. Dieser bezahlt die Rechnung innerhalb von zehn Tagen unter Abzug von 2 Prozent Skonto.

Buchungssätze:	Forderungen a. L.+L.	2.320,00 Euro
	an Verkaufserlöse	2.000,00 Euro
	an 16 Prozent Umsatzsteuer	320,00 Euro
	Bankeingang	2.273,60 Euro
	Skontoaufwand	40,00 Euro
	16 Prozent Umsatzsteuer	6,40 Euro
	an Forderungen a. L.+L.	2.320,00 Euro

Aus diesem Beispiel wird deutlich, dass der Skontoaufwand netto gebucht und die Umsatzsteuer separat berichtigt wird. Sie werden sich jetzt sicher nach dem Grund fragen.

Im Ergebnis darf bei einem Verkauf von Waren im Wert von 2.000 Euro und 2 Prozent Skontoabzug bei vorzeitiger Zahlung buchhalterisch nichts anderes erfasst werden, als wenn von vornherein ein Preisnachlass von 2 Prozent gewährt worden wäre. Bei einem 2-prozentigen Preisnachlass hätten Sie auf dem Konto »Verkaufserlöse« nur 1.960 Euro (2.000 – 2 Prozent) eingebucht. Bei einem Verkauf im Wert von 2.000 Euro und einem nachträglichen Skontoabzug von 40 Euro wird dasselbe Ergebnis dadurch erreicht, dass der Skontoabzug von 40 Euro dem Verkaufserlös von 2.000 Euro gegenübergestellt wird, was wiederum einen Saldo von 1.960 Euro ergibt. Ebenfalls fällt in beiden Fällen eine Umsatzsteuer von »nur« 313,60 Euro an. Im ersten Fall eines 2-prozentigen Preisnachlasses 313,60 Euro (= 1.960 × 16 Prozent); im zweiten Fall 313,60 Euro (320 – 6,40).

Zusammengesetzter Buchungssatz für eine Ausgangsrechnung inklusive aller Varianten

	Forderungen a. L.+L.	23.200 Euro
	an Verkaufserlöse	20.000 Euro
	an Umsatzsteuer	3.200 Euro
	Verkaufserlöse	2.500 Euro
	Umsatzsteuer	400 Euro
	an Forderungen a. L.+L.	2.900 Euro
	Erlösschmälerungen	1.500 Euro
	Umsatzsteuer	240 Euro
	an Forderungen a. L.+L.	1.740 Euro
Am Jahresende:	Verkaufserlöse	1.500 Euro
	an Erlösschmälerungen	1.500 Euro

Der zusammengesetzte Buchungssatz setzt sich aus der Summe sämtlicher zuvor einzeln durchgesprochener Buchungssätze zusammen.

Verkaufsvorgang:	Forderungen a. L.+L.	18.560,00 Euro
	Erlösschmälerungen	1.500,00 Euro
	an Verkaufserlöse	17.500,00 Euro
	an Umsatzsteuer	2.560,00 Euro
Bezahlung:	Bank	18.003,20 Euro
	Skontoaufwand	480,00 Euro*
	Umsatzsteuer	76,80 Euro*
	an Forderungen a. L.+L.	18.560,00 Euro
Jahresende:	Verkaufserlöse	1.500,00 Euro
	an Erlösschmälerungen	1.500,00 Euro

* Bei der Bezahlung werden nur von dem skontofähigen Betrag in Höhe von 16.000 Euro 3 Prozent Skonto (= 480 Euro) abgezogen und die Umsatzsteuer entsprechend berichtigt (16 Prozent von 480 = 76,80 Euro).

Exkurs

Speziell bei Handelsbetrieben hat das Warenkonto innerhalb der Buchführung eine herausragende Stellung und Bedeutung. In der Praxis ist es bei Handelsbetrieben durchaus üblich, nur ein einziges Warenkonto zu führen, auf dem sowohl Wareneingänge (auf der Sollseite) als auch Warenausgänge (auf der Habenseite) erfasst werden (selbstverständlich ohne Berücksichtigung der Umsatzsteuer auf dem Warenkonto). Diese einfache und handliche Vorgehensweise birgt aber zwei Gefahren in sich:

1. Der Saldo am Jahresende entspricht in der Regel nicht dem Endbestand und
2. der Jahresendsaldo gibt keinerlei Auskunft über den erwirtschafteten Rohgewinn.

Normalerweise wird der Verkauf von Waren zu einem höheren Preis erfolgen als der Einkauf. Da aber sowohl der Warenverkauf als auch der Wareneinkauf auf einem einzigen Konto erfasst werden, wird sich im Laufe des Jahres das Vermischen von Mengen- und Wertabweichungen nicht vermeiden lassen.
Am besten werden Sie das anhand eines einfachen Beispiels verstehen:

z.B. Sie betreiben den An- und Verkauf von unbearbeitetem Holz in Form eines Handelswarengeschäftes. Der Warenanfangsbestand (ermittelt durch Inventur) beträgt 10.000 Euro. Innerhalb des Monats Januar haben Sie für insgesamt 40.000 Euro Holz eingekauft und in derselben Zeit Holz für 44.000 Euro verkauft. Während dieser Zeit haben Sie an Ihren Lieferanten beschädigte Ware im Wert von 2.000 Euro zurückgeschickt. Außerdem hat Ihr Lieferant einen Preisnachlass von 1.000 Euro gewährt.

Innerhalb des Monats Januar haben auch verschiedene Kunden Holz an Sie zurückgeschickt, was sich auf einen Gesamtbetrag von insgesamt 3.000 Euro beläuft. Außerdem mussten Sie Ihrer Kundschaft Preisnachlässe von insgesamt 2.000 Euro zugestehen. Am Ende des Monats wurde der Warenbestand durch körperliche Bestandsaufnahme ermittelt. Der Bestand hat einen Wert von 20.000 Euro. (Vereinfachend sei unterstellt, dass sämtliche Preisangaben Nettowerte sind, das heißt ohne die Umsatzsteuer.)
Weil für den Ein- und Verkauf jetzt nur ein einziges Konto zur Verfügung steht, müssen auf diesem auch sämtliche Buchungen sowohl für den Einkaufs- als auch für den Verkaufsbereich verbucht werden.

Was dabei auf welcher Seite mit welchem Preis gebucht werden muss, zeigt folgende Übersicht:

S	Warenkonto H
1. Anfangsbestand zum Nettoeinkaufspreis	1. Warenverkäufe zum Nettoverkaufspreis
2. Wareneinkäufe zum Nettoeinkaufspreis	2. Rücksendungen an Lieferanten zum Nettoeinkaufspreis
3. Rücksendungen von Kunden zum Nettoverkaufspreis	3. Preisnachlässe von Lieferanten zum Nettoeinkaufspreis
4. Preisnachlässe an Kunden zum Nettoverkaufspreis	4. Warenentnahmen Endbestand zum Nettoeinkaufspreis
5. Rohgewinn	

Stehen die Wareneinkäufe zum Nettoeinkaufspreis auf der Sollseite des Kontos, müssen Rücksendungen an beziehungsweise Preisnachlässe von Lieferanten auf der Habenseite des Kontos verbucht werden. Umgekehrt stehen Warenverkäufe zum Nettoverkaufspreis im Haben und Rücksendungen von beziehungsweise Preisnachlässe an Kunden folgerichtig im Soll. Auch Privatentnahmen, die ein Geschäftsinhaber für sich privat aus dem Geschäftsvermögen entnimmt, stehen auf der Habenseite und werden in der Regel mit dem Nettoeinkaufspreis angesetzt. Da das Warenkonto ein Aktivkonto ist (das heißt, das Warenkonto steht in der Bilanz auf der Aktivseite), hat dieses den Anfangsbestand im Soll und den Endbestand im Haben. Der Rohgewinn ermittelt sich als Unterschiedsbetrag (= Saldo) zwischen den ersten vier Positionen der Sollseite und der gesamten Habenseite.

S	Warenkonto		H
1. Warenanfangsbestand lt. Inventur	10.000	1. Warenverkäufe	44.000
2. Wareneinkäufe	40.000	2. Rücksendungen an Lieferanten	2.000
3. Rücksendungen von Kunden	3.000	3. Preisnachlässe von Lieferanten	1.000
4. Preisnachlässe an Kunden	2.000	4. Endbestand lt. Inventur	20.000
5. Rohgewinn	12.000		
Summe	67.000	Summe	67.000

Der Rohgewinn kann zur Kontrolle ebenfalls noch in einer Vergleichsrechnung ermittelt werden:

	Warenendbestand
–	Warenanfangsbestand
+	wirtschaftlicher Umsatz
–	wirtschaftlicher Wareneinsatz
=	wirtschaftlicher Rohgewinn

Der wirtschaftliche Umsatz stellt sämtliche Warenverkäufe abzüglich aller Rücksendungen von Kunden und abzüglich aller Preisnachlässe an Kunden dar.

	Warenverkäufe	44.000 Euro
–	Rücksendungen von Kunden	3.000 Euro
–	Preisnachlässe an Kunden	2.000 Euro
=	wirtschaftlicher Umsatz	39.000 Euro

Der wirtschaftliche Wareneinsatz umfasst sämtliche Buchungen im Einkaufsbereich, also Wareneinkäufe minus Rücksendungen an Lieferanten minus Preisnachlässe von Lieferanten minus eventueller Privatentnahmen.

	Wareneinkäufe	40.000 Euro
–	Rücksendungen an Lieferanten	2.000 Euro
–	Preisnachlässe von Lieferanten	1.000 Euro
–	Privatentnahmen	0 Euro
=	wirtschaftlicher Wareneinsatz	37.000 Euro

	Warenendbestand	20.000 Euro
–	Warenanfangsbestand	10.000 Euro
+	wirtschaftlicher Umsatz	39.000 Euro
–	wirtschaftlicher Wareneinsatz	37.000 Euro
=	wirtschaftlicher Rohgewinn	12.000 Euro

Bei der Verwendung nur eines Kontos sowohl für Wareneingänge als auch für Warenausgänge sollten Sie bedenken, dass der Endbestand nur durch körperliche Bestandsaufnahme ermittelt werden kann, da der buchmäßige Saldo einen Erfolgsanteil (= Rohgewinn oder Rohverlust) und den tatsächlichen Endbestand beinhaltet. Das kommt dadurch, dass sich der auf der Sollseite gebuchte Warenanfangsbestand und die Wareneinkäufe entweder auf der Habenseite als Verkaufserlöse niederschlagen oder als Warenendbestand in Erscheinung treten. Im Ergebnis bleibt der Warenrohgewinn (oder Rohverlust) als Saldo übrig.

Tipp Besser ist es dagegen, neben einem reinen Warenbestandskonto ein separates Warenerfolgskonto zu führen.

z.B. Ein Antikmöbelhändler hat im Laufe des Monats Januar folgende Geschäfte netto getätigt (Beträge in Euro, aus Vereinfachungsgründen soll die Umsatzsteuer außen vor bleiben):

Möbeleinkauf am 02.01. für 6.500 €	Verkauf am 05.01. für 7.800 €
Möbeleinkauf am 07.01. für 5.400 €	Verkauf am 10.01. für 7.400 €
Möbeleinkauf am 12.01. für 3.900 €	Verkauf am 15.01. für 6.500 €
Möbeleinkauf am 18.01. für 4.300 €	Verkauf am 25.01. für 7.000 €
Möbeleinkauf am 26.01. für 7.100 €	Verkauf am 30.01. für 9.900 €
Möbeleinkauf am 31.01. für 4.500 €	

Die buchmäßige Behandlung der einzelnen Geschäftsvorfälle auf einem separaten Warenbestands- und Warenerfolgskonto hat folgendes Aussehen:

S Warenbestandskonto H

02.01. Einkauf	6.500	05.1. Verkauf	6.500
07.01. Einkauf	5.400	10.1. Verkauf	5.400
12.01. Einkauf	3.900	15.1. Verkauf	3.900
18.01. Einkauf	4.300	25.1. Verkauf	4.300
26.01. Einkauf	7.100	30.1. Verkauf	7.100
31.01. Einkauf	4.500	31.1. Endbestand	4.500
Summe	31.700	Summe	31.700

S Warenerfolgskonto H

Rohgewinn	11.400	05.1. Verkauf	1.300
		10.1. Verkauf	2.000
		15.1. Verkauf	2.600
		25.1. Verkauf	2.700
		30.1. Verkauf	2.800
Summe	11.400	Summe	11.400

Durch die Trennung in Bestands- und Erfolgskonto lässt sich nicht nur der Warenendbestand schneller mit einer Inventur abgleichen, sondern Sie haben auch einen jederzeitigen Überblick über Ihre Rohgewinnhöhe, ohne vorher umfangreiche Berechnungen anstellen zu müssen.

Tipp

Die Auflösung in ein separates Warenbestands- und Warenerfolgskonto ist jedoch nur bei Waren sinnvoll und möglich, die entweder sehr wertvoll oder nur in geringen Mengen umgesetzt werden. Nur durch die direkte Gegenüberstellung von Ein- und Verkauf der jeweiligen Waren ist es möglich, das Warenerfolgskonto genau zu führen. Ein solches Vorgehen scheidet damit für Güter des täglichen Bedarfs, die in hohen Stückzahlen gehandelt werden, aus, weil ein Zuordnen der Verkaufsmenge zur richtigen Einkaufsmenge unmöglich wird.

12.

Abschreibungen – ein Problem?

Wie Sie bereits aus dem Bilanzschema wissen, gibt es auf der Aktivseite sowohl das Anlage- als auch das Umlaufvermögen. Zum Anlagevermögen zählen alle Vermögensgegenstände, die dem Unternehmen länger als ein Jahr zur Verfügung stehen, zum Umlaufvermögen alle anderen. In der Regel haben allerdings auch die Vermögensgegenstände des Anlagevermögens keine unbegrenzt lange Lebensdauer. Sie unterliegen einem Material- und damit auch Werteverschleiß. Mit anderen Worten: Irgendwann einmal muss jedes Anlagegut durch ein neues ersetzt werden. Deshalb sind bei Vermögensgegenständen des Anlagevermögens, deren Nutzung zeitlich begrenzt ist, die Anschaffungs- oder Herstellungskosten um planmäßige Abschreibungen zu vermindern. Die Abschreibungen stellen dabei den Werteverzehr des Vermögensgegenstandes auf die gesamte Nutzungsdauer gesehen dar.
Sie sollten bereits an dieser Stelle zwei Dinge strikt voneinander trennen:

1. Kauf des Vermögensgegenstandes → erfolgsneutraler Vorgang
2. Abschreibung des Vermögensgegenstandes → erfolgswirksamer Vorgang

Der Kaufvorgang eines Vermögensgegenstandes des Anlagevermögens berührt Ihren Gewinn insofern nicht, als durch diesen Geschäftsvorfall kein Erfolgskonto berührt wird. Es wird lediglich auf Bilanzkonten (und damit erfolgsneutral) gebucht, zum Beispiel Firmen-Pkw an Bank.
Erst die »Stückelung« des Gesamtkaufpreises auf die voraussichtliche Nutzungsdauer führt in den Folgejahren zur »portionsweisen« Gewinnminderung. Die jährliche Wertminderung (und damit auch der jährliche Werteverzehr) wird durch die Abschreibung zum Ausdruck gebracht. Ziel des Buchungssatzes – Abschreibungen an Anlagevermögen – ist nicht nur die Gewinnminderung. Vorrangig geht es um folgenden Kreislauf:

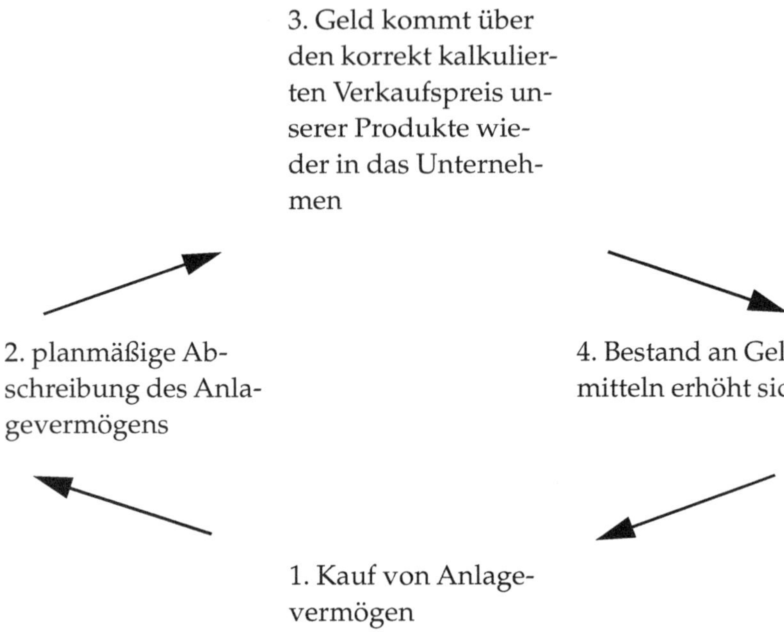

1. Ein Vermögensgegenstand des Anlagevermögens wurde erworben, zum Beispiel eine Maschine für 10.000 Euro.
2. Wird unterstellt, dass die Maschine eine betriebsgewöhnliche Nutzungsdauer von zehn Jahren hat, können jedes Jahr 1.000 Euro (10.000 Euro ÷ 10 Jahre) als Abschreibungen gewinnmindernd angesetzt werden.
3. Sind die Preise für Ihre Produkte kostengerecht kalkuliert worden, so sind in den Preisen auch die Kosten für die Abschreibung einkalkuliert. Somit fließen Ihnen über Ihre Umsatzerlöse jedes Jahr die in den Preis einkalkulierten Abschreibungsbeträge in Form von Geld zurück.
4. Der höhere Bargeldbestand (in der Kasse oder auf dem Bankkonto) kann dazu verwendet werden, in zehn Jahren eine neue Maschine zu kaufen, um die alte zu ersetzen.

Hauptzweck einer Abschreibung ist es, sich nach Ablauf der Nutzungsdauer aus dem Umsatzprozess heraus durch eigene Kraft wieder ein neues Anlagegut zu kaufen (= so genannte Selbstfinanzierung). Nach dem Gesetz sind mehrere Abschreibungsarten erlaubt. Die in der Praxis gebräuchlichsten sind allerdings die lineare, die degressive und die Leistungsabschreibung.

Unterschiede zwischen linearer und degressiver Abschreibung	
lineare Abschreibung	degressive Abschreibung
❏ jedes Jahr gleich hoher Abschreibungsbetrag	❏ jedes Jahr unterschiedlich hoher Abschreibungsbetrag
❏ Abschreibungssatz berechnet sich aus 100 Prozent geteilt durch die Nutzungsdauer	❏ Abschreibungssatz ist höchstens das Zweifache der linearen Abschreibung und maximal 20 Prozent
❏ gilt für alle Anlagegüter	❏ gilt nur für bewegliche Anlagegüter
❏ wird jedes Jahr vom ursprünglichen Anschaffungswert berechnet	❏ wird jedes Jahr vom Buchwert des letzten Jahres berechnet

z.B. Sie kaufen am 02.01.2007 eine neue Maschine zu einem Preis von 10.000 Euro. Die voraussichtliche Nutzungsdauer beträgt zehn Jahre.
Die lineare Abschreibung beträgt jedes Jahr 1.000 Euro (10.000 Euro ÷ 10 Jahre Nutzungsdauer). Die degressive Abschreibung beträgt im ersten Jahr 2.000 Euro (10.000 Euro × 20 Prozent), im zweiten Jahr 1.600 Euro und so weiter.

Unterschiede zwischen linearer und degressiver Abschreibung		
	lineare Abschreibung	degressive Abschreibung
Kauf einer Maschine am 02.01.2007 zum Preis von	10.000	10.000
Abschreibung im Jahr 2007	1.000	2.000
Buchwert am 31.12.2007	9.000	8.000
Abschreibung im Jahr 2008	1.000	1.600
Buchwert am 31.12.2008	8.000	6.400
Abschreibung im Jahr 2009	1.000	1.280*
Buchwert 31.12.2009	7.000	5.120
Abschreibung im Jahr 2010	1.000	1.024
Buchwert 31.12.2010	6.000	4.096
Abschreibung im Jahr 2011	1.000	819
Buchwert 31.12.2011	5.000	3.277
Abschreibung im Jahr 2012	1.000	655
Buchwert 31.12.2012	4.000	2.622
Abschreibung im Jahr 2013	1.000	524
Buchwert 31.12.2013	3.000	2.098
Abschreibung im Jahr 2014	1.000	420
Buchwert 31.12.2014	2.000	1.678
Abschreibung im Jahr 2015	1.000	336
Buchwert 31.12.2015	1.000	1.342
Abschreibung im Jahr 2016	999	268
Buchwert 31.12.2016	1	1.074

An diesem Beispiel erkennen Sie sehr deutlich, dass die Abschreibungsbeträge speziell in den ersten vier Jahren bei der degressiven Abschreibung höher sind als bei der linearen. Dafür sinken sie aber in den Folgejahren deutlich unter die der linearen ab. Da bei den meisten Anlagegütern der Wertverlust in den ersten Jahren nach der Neuanschaffung am höchsten ist, spiegelt die degressive Abschreibung in vielen Fällen ein realistischeres Bild wider als die lineare.

* Die degressive Abschreibung für das Jahr 2009 berechnet sich beispielsweise aus 20 Prozent vom Buchwert am 31.12. des letzten Jahres, hier also 20 Prozent vom Buchwert am 31.12.2008 in Höhe von 6.400 Euro.

Wie aus dem Beispiel zu ersehen ist, wird bei Anwendung der degressiven Abschreibung der Nullwert des Anlagegutes nach Ablauf der zehnjährigen Nutzungsdauer nicht erreicht. Deshalb ist ein Übergang von der degressiven zur linearen Abschreibung erlaubt, nicht jedoch umgekehrt. Im Falle eines Wechsels bemisst sich die Abschreibung für die dann noch verbleibende Zeit der Nutzung nach dem vorhandenen Restbuchwert und der Restnutzungsdauer.

Grundsätzlich ist der Übergang von der degressiven zur linearen Abschreibung zu jeder Zeit erlaubt, sinnvoll ist ein solcher Übergang aber erst, wenn danach die lineare Abschreibung höher ist als die degressive im Falle eines Nichtwechsels. Der optimale Zeitpunkt zum Wechseln ist in unserem Beispiel im Jahr 2013.

Übergangszeitpunkt von der degressiven zur linearen Abschreibung		
	degressive Abschreibung	Übergang zur linearen Abschreibung
...	...	...
Buchwert 31.12.2012	2.622	
Abschreibung im Jahr 2013	524	655*
Buchwert 31.12.2013	2.098	1.967
Abschreibung im Jahr 2014	420	655
Buchwert 31.12.2014	1.678	1.312
Abschreibung im Jahr 2015	336	655
Buchwert 31.12.2015	1.342	657
Abschreibung im Jahr 2016	268	656
Buchwert 31.12.2016	1.074	1

Ihnen wird sicherlich aufgefallen sein, dass der Buchwert am Ende der Nutzungsdauer noch 1 Euro beträgt. Dieser Betrag sollte auch in Ihren Büchern als so genannter Erinnerungswert stehen bleiben. Es soll daran erinnert werden, dass zum Beispiel der Vermögensgegenstand

* Der Buchwert am 31.12.2012 beträgt 2.622 Euro. Bei Beibehaltung der degressiven Abschreibung ergäbe sich für das Jahr 2013 ein Abschreibungsbetrag von 524 Euro (= 20 Prozent von 2.622 Euro). Im Falle eines Wechsels von der degressiven zur linearen Abschreibung bemisst sich die jährliche Restabschreibung zwar auch vom selben Buchwert in Höhe von 2.622 Euro, aber verteilt auf noch vier Nutzungsjahre. Somit ergibt sich ein linearer Abschreibungsbetrag in Höhe von 655 Euro jährlich.

»Maschine« zwar bereits voll abgeschrieben, aber immer noch in Betrieb ist. Erst im Falle des Ausscheidens der Maschine aus dem Unternehmen, zum Beispiel durch Verkauf, Verschenken, Verschrotten und so weiter, wird auch der Erinnerungswert von 1 Euro ausgebucht. Bei der Festlegung der betriebsgewöhnlichen Nutzungsdauer gibt es zur Orientierung von der Finanzverwaltung zusammengestellte Abschreibungstabellen:

Checkliste über die jährliche Abschreibungshöhe bei verschiedenen Vermögensgegenständen		
Vermögensgegenstand	durchschnittliche betriebsgewöhnliche Nutzungsdauer in Jahren	lineare Abschreibung in Prozent
Alarm- u. Überwachungsanlagen	8	12
Betriebs-Lkw	7	14
Bohrmaschine	5	20
Büromöbel	10	10
Drucker	4	25
Firmen-Pkw	6	16,67
Grünanlagen	10	10
Fabrikationshalle (Leichtbauweise)	25	4
Fabrikationshalle (Massivbauweise)	10	10
Kopiergerät	5	20
Personalcomputer	3	33
Transportanlagen	10	10

Statt der linearen oder degressiven Abschreibung können Sie bei beweglichen Wirtschaftsgütern des Anlagevermögens die Abschreibung auch nach der Maßgabe der Leistung des Vermögensgegenstandes vornehmen, sofern es wirtschaftlich begründet ist. Dabei ist der auf das einzelne Jahr entfallende Umfang der Leistung nachzuweisen.

Ein solches Vorgehen ist immer dann sinnvoll, wenn die Leistung in den einzelnen Jahren erheblichen Schwankungen unterworfen ist und somit auch der Verschleiß unterschiedlich schnell voranschreitet. Kriterien für die Berechnung der jährlichen Abschreibungshöhe sind dann die Anschaffungskosten und die (geschätzte) betriebsgewöhnliche Gesamtleistung.

z.B. Nach dem Kauf eines Lkws für Ihr Unternehmen schätzen Sie, dass Sie das Fahrzeug insgesamt 500.000 Kilometer betrieblich nutzen können. Nach dem ersten Jahr lesen Sie von Ihrem Kilometerzähler einen Stand von 180.000 Kilometer ab. Unter Berücksichtigung von 500.000 Euro Anschaffungskosten können Sie bei der Abschreibungsmethode nach der beanspruchten Leistung bereits im ersten Jahr 180.000 Euro (500.000 Euro ÷ 500.000 km × 180.000 km) abschreiben.

Beginn der Abschreibung

Die Pflicht zur Abschreibung eines Vermögensgegenstandes beginnt grundsätzlich mit der Anschaffung oder Herstellung. Bei der Anschaffung ist das der Zeitpunkt der Lieferung, bei der Herstellung der Zeitpunkt der Fertigstellung. Für sämtliche Wirtschaftsgüter, die im Laufe des Jahres angeschafft oder hergestellt worden sind, kommt nur eine zeitanteilige Abschreibung für das Anschaffungsjahr in Betracht, und zwar nur der Teil des auf ein Jahr entfallenden Abschreibungsbetrages, der dem Zeitraum zwischen der Anschaffung oder Herstellung des Vermögensgegenstandes und dem Ende des Jahres entspricht.

z.B. Sie haben im abgelaufenen Geschäftsjahr 2007 am 15. Mai einen neuen Firmen-Pkw für 50.000 Euro mit einer betriebsgewöhnlichen Nutzungsdauer von zehn Jahren gekauft. Für das Geschäftsjahr 2007 kommt nur eine zeitanteilige Abschreibung (= pro rata temporis) vom 15.05. bis 31.12. (= 7,5 Monate) in Betracht.

Berechnung der normalen Jahresabschreibung:

Anschaffungskosten/ Nutzungsdauer	=	jährliche Abschreibungshöhe
50.000 Euro/10 Jahre	=	5.000 Euro pro Jahr

Berechnung der zeitanteiligen Abschreibung für die Zeit vom 15.05. bis 31.12.2007:

Jahresabschreibung / 12 × anteilige Monate der Nutzung

$$\frac{5.000 \text{ Euro}}{12 \text{ Monate}} \times 7{,}5 \text{ Monate} = 3.125 \text{ Euro}$$

3.125 Euro zeitanteilige Abschreibung für das Geschäftsjahr 2007

Angefangene Monate werden für die Abschreibungsberechnung auf volle Monate aufgerundet, sodass sich für das Anschaffungsjahr 2007 eine Abschreibung von 3.333 Euro ergibt (01.05. bis 31.12.).

Nutzen Sie die richtige Abschreibungsstrategie zur Erweiterung Ihrer Kapazität

z.B. Stellen Sie sich vor, Sie hätten in Ihrem Unternehmen zehn Maschinen. Alle Maschinen haben der Einfachheit halber eine Nutzungsdauer von fünf Jahren und kosten alle jeweils 20.000 Euro. Die Abschreibung erfolgt jeweils linear.

1. Inwieweit wirken sich die Abschreibungen der Maschinen auf Ihre Liquidität aus und zu welchen Zwecken können die freigesetzten Mittel verwendet werden?
2. Wie kann es zu einem Kapitalfreisetzungseffekt kommen?

3. Kann eine Kapazitätserweiterung allein durch Abschreibungen stattfinden und wo liegt die Grenze?
4. Welche Kriterien sind bei einer Kapazitätserweiterung durch Abschreibungen noch zu beachten?

Zu 1.: Abschreibungen haben nur dann Auswirkungen auf die Liquidität, wenn Produkte zu einem Preis verkauft werden, in den anteilige Abschreibungsbeträge einkalkuliert wurden. Reine (innerbetriebliche) Bestandserhöhungen an unfertigen oder fertigen Erzeugnissen führen zu keiner Verbesserung der Liquidität.

Zu 2.: Zu einer Kapitalfreisetzung kommt es insofern, als die über den Verkaufspreis kalkulierten Abschreibungen zu einem wesentlich früheren Zeitpunkt in das Unternehmen zurückfließen, als sie für die Neuinvestition benötigt werden. Bereits zurückgeflossene, noch nicht benötigte Geldbeträge können bis zur Neuanschaffung zinsbringend angelegt werden.

Zu 3.: Es ist möglich, allein durch die richtige Abschreibungspolitik einen gewissen Kapazitätserweiterungseffekt herbeizuführen. Speziell für kaum gegründete und / oder expandierende Unternehmen ist es sinnvoll, die durch Abschreibungen freigesetzten Mittel zu reinvestieren, um damit den Maschinenpark zu vergrößern. Geht man davon aus, dass sämtliche Abschreibungsbeträge aller zehn Maschinen sofort wieder für den Kauf neuer Maschinen verwendet würden, könnte folgender Abschreibungsplan erstellt werden:

beispielhafte Darstellung des Kapazitätserweiterungseffektes				
Jahr	Anzahl der Maschinen (= Kapazität)	Summe der Jahresabschreibung	Reinvestition	auf das Folgejahr vorzutragende Abschreibung
01	10	40.000	40.000	0
02	12	48.000	40.000	8.000
03	14	56.000	60.000	4.000
04	17	68.000	60.000	12.000
05	20	80.000	80.000	12.000
06	14 (20–10+4)	56.000	60.000	8.000
07	15 (14–2+3)	60.000	60.000	8.000
08	16 (15–2+3)	64.000	60.000	12.000
09	16 (16–3+3)	64.000	60.000	16.000
10	16 (16–3+3)	64.000	80.000	0
11	16 (16–4+4)	64.000	60.000	4.000
12	16 (16–3+3)	64.000	60.000	8.000
13	16 (16–3+3)	64.000	60.000	12.000
14	16 (16–3+3)	64.000	60.000	16.000
15	16 (16–3+3)	64.000	80.000	0
16	16 (16–4+4)	64.000	60.000	4.000
und so weiter				

Im Jahr 01 wurden 10 à 4.000 Euro (20.000 Euro Anschaffungskosten ÷ 5 Jahre Nutzungsdauer) aus Abschreibungen erwirtschaftet. Mit diesen 40.000 Euro wurden Anfang des zweiten Jahres insgesamt zwei neue Maschinen desselben Typs und mit derselben Nutzungsdauer angeschafft. Im dritten Jahr können wiederum zwei neue Maschinen aus Abschreibungen finanziert werden.

Durch weitere Zukäufe, jeweils finanziert durch entsprechend hohe Abschreibungsbeträge, ist der Maschinenpark bis zum Ende des fünften Jahres auf insgesamt 20 Stück angestiegen. Im sechsten Jahr sinkt der Stückzahlbestand auf 14, weil die zehn Maschinen aus dem Jahr 01 nun voll abgeschrieben sind und aus dem Produktionsprozess ausscheiden und gleichzeitig aufgrund des hohen Abschreibungsvolumens vier neue Maschinen gekauft werden konnten. Im siebten Jahr fallen die zwei im zweiten Jahr hinzugekauften Maschinen wegen Vollabschreibung heraus und es kommen drei weitere hinzu. Wie aus der Tabelle ersichtlich, stabilisiert sich der Maschinenbestand ab dem achten Jahr auf insgesamt 16 Maschinen. Das Beispiel lässt auch erkennen, dass die obere Grenze des Kapazitätserweiterungseffektes bei einer betriebsgewöhnlichen Nutzungsdauer von fünf Jahren auf das 1,6fache des Anfangsbestandes begrenzt ist. Das Ausmaß der insgesamt möglichen Kapazitätserweiterung hängt vom Faktor »Nutzungsdauer in n Jahren« ab. Je länger die Nutzungsdauer ist, desto größer ist der Kapazitätsmultiplikator (erreicht maximal einen Wert von 2).

$$\text{Kapazitätsmultiplikator} = (2 \div 1 + 1 \div n)$$

Eine betriebsgewöhnliche Nutzungsdauer von fünf Jahren bedeutet einen Kapazitätsmultiplikator von 1,66 oder das 1,6fache des Anfangsbestandes. Der Anfangsbestand ist bereits 1,9-mal so groß bei einer Nutzungsdauer von 20 Jahren.

Zu 4.: Das Anlagevermögen eines Unternehmens setzt sich in der Praxis aus mehreren Komponenten zusammen, die jeweils einer unterschiedlichen Altersstruktur und unterschiedlich langen Nutzungsdauer unterliegen. Deshalb ist die Ermittlung eines einheitlichen Kapazitätsmultiplikators in der betrieblichen Praxis nicht so einfach, wie es in unserem Beispiel dargestellt wurde.

Auch kann nicht davon ausgegangen werden, dass nur nach der linearen Abschreibung verfahren wird. Denn verschiedene Abschreibungsmethoden wirken sich unterschiedlich aus. Die vorstehende Rechnung lässt außerdem den technischen Fortschritt sowie eventuell steigende Wiederbeschaffungspreise außer Betracht. Weiterhin wird unterstellt, dass die Ersatzgüter hinreichend teilbar sind. Je größer das Unternehmen ist, desto eher wird es in der Lage sein, die Abschreibungssumme in jedem Jahr voll zu reinvestieren. Bei mehrstufigen Produktionsprozessen ist eine Aufstockung der Maschinenkapazität nur dann sinnvoll und ratsam, wenn auch alle vor- und nachgelagerten Produktionsstufen in gleichem Umfang erweitert werden.

Über den Abschreibungseffekt ist eine Ausweitung der in den einzelnen Perioden zur Verfügung stehenden Jahreskapazitäten möglich, nicht jedoch eine dauerhafte Ausweitung der ursprünglichen Gesamtkapazität. Der Finanzierungseffekt wirkt sich bei solchen Unternehmen vorteilhaft aus, die bei niedriger Eigenkapitalbasis und möglichst geringem Fremdkapital mit einem kleinen Maschinenpark beginnen und dann in die angestrebte Vollkapazität hineinwachsen wollen. Der ersehnte Effekt kommt jedoch nur dann ganz zum Tragen, wenn neben den übrigen Voraussetzungen die Erstbeschaffung voll durch Eigenmittel finanziert wurde. Dies trifft aber auf neu gegründete Unternehmen in der Regel nicht zu.
Weiterhin ist zu bedenken, dass eine Erhöhung der Fertigungskapazitäten gleichzeitig zu einer Erhöhung der Vorräte und der Forderungsbestände sowie der Mitarbeiterzahlen führt. Dadurch wird ein Teil des Liquiditätsvorteils bereits wieder entzogen. Weitere Voraussetzung für die zusätzliche Kapazität sind entsprechende Absatzmärkte und -möglichkeiten. Sie sollten in jedem Fall bedenken, dass eine Erweiterung der bestehenden Kapazität nur dann sinnvoll ist, wenn durch die Mehrproduktion kein Preisverfall am Absatzmarkt eintritt.
Im Folgenden ein ausführliches Beispiel mit Buchungsanleitung.

z.B.

Ihr Maschinenpark besteht aus insgesamt zwei Maschinen. Die erste Maschine haben Sie am 01.03.2002 für 15.000 Euro erworben, die zweite am 15.08.2004 für 20.000 Euro. Beide haben eine betriebsgewöhnliche Nutzungsdauer von zehn Jahren. Außerdem besitzen Sie noch einen Firmen-Pkw, den Sie im Januar 2003 zu einem Preis von 35.000 Euro (sechs Jahre Nutzungsdauer) gekauft haben.
Für sämtliche Wirtschaftsgüter ist die maximal mögliche Abschreibung für das Jahr 2007 zu berechnen, wenn

a. linear
b. degressiv abgeschrieben wird.

Wie hoch ist der Buchwert Ende des Jahres 2005 bei linearer oder degressiver Abschreibungsmethode?
In welchem Jahr sollte bei der zweiten Maschine von der degressiven zur linearen Abschreibung gewechselt werden?
Bilden Sie für sämtliche das Jahr 2005 betreffenden Geschäftsvorfälle den zutreffenden Buchungssatz, verbuchen Sie alles auf Konten und schließen Sie diese zum Ende des Jahres ab. (Es wird davon ausgegangen, dass alle Vermögensgegenstände degressiv abgeschrieben werden sollen!)
Zur richtigen Beantwortung dieser Fragen ist es sinnvoll, sich einen Abschreibungsplan zu erstellen, wobei bei maximal möglicher Abschreibung pro Jahr im Zugangsjahr nicht taggenau, sondern auf volle Monate aufgerundet wird.

Abschreibungsplan nach der linearen Methode			
	für Maschine 1	für Maschine 2	für Firmen-Pkw
Kauf einer Maschine 1 in 2002	15.000		
Abschreibung im Jahr 2002	1.250*		

Buchwert am 31.12.2002	13.750		
Kauf eines Firmen-Pkw 2003			35.000
Abschreibung im Jahr 2003	1.500		5.833
Buchwert am 31.12.2003	12.250		29.167
Kauf einer Maschine 2 in 2004		20.000	
Abschreibung im Jahr 2004	1.500	833**	5.833
Buchwert 31.12.2004	10.750	19.167	23.334
Abschreibung im Jahr 2005	1.500	2.000	5.833
Buchwert 31.12.2005	9.250	17.167	17.501
Abschreibung im Jahr 2006	1.500	2.000	5.833
Buchwert 31.12.2006	7.750	15.167	11.668
Abschreibung im Jahr 2007	1.500	2.000	5.833
Buchwert 31.12.2007	6.250	13.167	5.835
Abschreibung im Jahr 2008	1.500	2.000	5.834
Buchwert 31.12.2008	4.750	11.167	1
Abschreibung im Jahr 2009	1.500	2.000	
Buchwert 31.12.2009	3.250	9.167	1

Abschreibung im Jahr 2010	1.500	2.000	
Buchwert 31.12.2010	1.750	7.167	1
Abschreibung im Jahr 2011	1.500	2.000	
Buchwert 31.12.2011	250	5.167	1
Abschreibung im Jahr 2012	249	2.000	
Buchwert 31.12.2012	1	3.167	1
Abschreibung im Jahr 2013		2.000	
Buchwert 31.12.2013	1	1.167	1
Abschreibung im Jahr 2014		1.166	
Buchwert 31.12.2014	1	1	1

Der Restbuchwert von 1 Euro am Ende der Nutzungsdauer eines jeden Wirtschaftsgutes soll signalisieren, dass sich das Wirtschaftsgut im Unternehmen noch im Einsatz befindet, jedoch bereits vollständig abgeschrieben ist.

* 10/12 der vollen Jahresabschreibung im Zugangsjahr
** 5/12 der vollen Jahresabschreibung im Zugangsjahr

Abschreibungsplan nach der degressiven Methode			
	für Maschine 1	für Maschine 2	für Firmen-Pkw
Kauf einer Maschine 1 in 2002	15.000		
Abschreibung im Jahr 2002	2.500*		
Buchwert am 31.12.2002	12.500		
Kauf eines Firmen-Pkw 2003			35.000
Abschreibung im Jahr 2003	2.500		7.000*
Buchwert am 31.12.2003	10.000		28.000
Kauf einer Maschine 2 in 2004		20.000	
Abschreibung im Jahr 2004	2.000	1.667**	5.600
Buchwert 31.12.2004	8.000	18.333	22.400
Abschreibung im Jahr 2005	1.600	3.667	4.480
Buchwert 31.12.2005	6.400	14.666	17.920
Abschreibung im Jahr 2006	1.280	2.933	3.584
Buchwert 31.12.2006	5.120	11.733	14.336
Abschreibung im Jahr 2007	1.024	2.347	2.867
Buchwert 31.12.2007	4.096	9.386	11.469

Abschreibung im Jahr 2008	819	1.877	2.294
Buchwert 31.12.2008	3.277	7.509	9.175
Abschreibung im Jahr 2009	655	1.502	1.835
Buchwert 31.12.2009	2.622	6.007	7.340
Abschreibung im Jahr 2010	524	1.201	1.468
Buchwert 31.12.2010	2.098	4.806	5.872
Abschreibung im Jahr 2011	420	961	1.174
Buchwert 31.12.2011	1.678	3.845	4.698
Abschreibung im Jahr 2012	336	769	940
Buchwert 31.12.2012	1.342	3.076	3.758
Abschreibung im Jahr 2013	268	615	752
Buchwert 31.12.2013	1.074	2.461	3.006
Abschreibung im Jahr 2014	215	492	601
Buchwert 31.12.2014	859	1.969	2.405

Die monatsgenaue Abschreibung gilt auch für die degressive Abschreibung.

* 20 Prozent im Zugangsjahr für 10 Monate
** 20 Prozent im Zugangsjahr für 5 Monate

Bildung der Buchungssätze für das Geschäftsjahr 2005 und Abschluss der Konten:

Bildung der Buchungssätze für das Geschäftsjahr 2005 und Abschluss der Konten:			
Abschreibungsplan nach der degressiven Methode			
	für Maschine 1	für Maschine 2	für Firmen-Pkw
Buchwert 31.12.2004	8.000	18.333	22.400
Abschreibung im Jahr 2005	1.600	3.667	4.480
Buchwert 31.12.2005	6.400	14.666	17.920

Bildung der Buchungssätze für die Abschreibung:

Maschine 1:
Abschreibungen auf Sachanlagen 1.600 Euro
an maschinelle Anlagen (Maschine 1) 1.600 Euro

Maschine 2:
Abschreibungen auf Sachanlagen 3.667 Euro
an maschinelle Anlagen (Maschine 2) 3.667 Euro

Firmen-Pkw:
Abschreibungen auf Sachanlagen 4.480 Euro
an Fuhrpark 4.480 Euro

Verbuchung auf den entsprechenden Konten:
Die Anfangsbestände der jeweiligen Bestandskonten zum 01.01.2005 müssen mit dem Buchwert übereinstimmen, der sich aus der Abschreibungstabelle für den 31.12.2004 ergibt.

S	Maschine 1		H
AB	8.000	1)	1.600

S	Maschine 2		H
AB	18.333	2)	3.667

S	Firmen-Pkw		H
AB	22.400	2)	4.480

S	Abschreibungen		H
	1.600		
	3.667		
	4.480		

Abschluss der einzelnen Konten:
Bei den Bestandskonten Maschine 1, Maschine 2 und Firmen-Pkw müssen in einem ersten Schritt die Endsalden errechnet und anschließend in die Schlussbilanz übertragen werden. Das Konto »Abschreibungen« ist ein Erfolgskonto, also ein Unterkonto des Eigenkapitals, und wird gewinnmindernd über die Gewinn-und-Verlust-Rechnung abgeschlossen.

S	Maschine 1		H
AB	8.000		1.600
		EB	6.400

S	Maschine 2		H
AB	18.333		3.667
		EB	14.666

S	Firmen-Pkw		H
AB	22.400		4.480
		EB	17.920

S	Schlussbilanzkonto		H
Anlagevermögen			
2. Sachanlagen			
Maschinen	21.066		
Fuhrpark	17.920		

Der Endbestand von Maschine 1 und Maschine 2 wird in der Schlussbilanz zu einer Summe zusammengefasst. Durch die Zusammenführung der verschiedenen Bestandskonten zu einer Schlussbilanz lässt sich genau nachvollziehen, dass sich der Bilanzposten »Maschinen« mit einem Gesamtbetrag von 21.066 Euro aus insgesamt zwei Positionen, nämlich Maschine 1 mit 6.400 Euro und Maschine 2 mit 14.666 Euro, zusammensetzt.

So wie die Bestandskonten über das Schlussbilanzkonto abgeschlossen werden, muss das Erfolgskonto »Abschreibungen« über das Konto »Gewinn-und-Verlust-Rechnung« abgeschlossen werden. Dazu muss auf dem Konto »Abschreibungen« zuerst der Saldo gebildet werden, der im Anschluss daran durch die folgende Buchung in das Gewinn-und-Verlust-Konto übernommen wird:

Gewinn-und-Verlust-Konto: 9.747 Euro
an Abschreibungen: 9.747 Euro

S	Abschreibungen		H
	1.600	G+V	9.747
	3.667		
	4.480		

S	G+V Konto		H
Abschreibungen	9.747		

13.

Bestandsveränderung – was ist das?

Bei unseren bisherigen Überlegungen sind wir immer davon ausgegangen, dass die gesamte Jahresproduktion auch auf dem Absatzmarkt platziert und verkauft werden konnte. Es traten insofern keine Lagerbestände in Erscheinung. In der Praxis ist das aber leider der Ausnahmefall. Realistischer ist die Annahme, dass die gesamte Jahresproduktion von der Absatzleistung abweicht.

z.B.

Ihr Unternehmen produziert Gartenstühle. Im Geschäftsjahr 2005 konnten Sie insgesamt 50.000 Gartenstühle produzieren, aber nur 45.000 verkaufen. Am Jahresende befinden sich demzufolge noch 5.000 Gartenstühle in Ihrem Lager, mit der Folge, dass sich Ihr Lagerbestand gegenüber dem Vorjahr um 5.000 Gartenstühle erhöht hat. In diesem Zusammenhang spricht man auch von »Bestandsveränderungen«, das heißt, Ihr Bestand an Gartenstühlen hat sich gegenüber dem Vorjahr verändert.
Grundsätzlich treten Bestandsveränderungen immer dann auf, wenn:

- Produktionsmenge > Absatzmenge = Lagerbestandserhöhung = Mehrbestand an fertigen und unfertigen Erzeugnissen
- Produktionsmenge < Absatzmenge = Lagerbestandsminderung = Minderbestand an fertigen und unfertigen Erzeugnissen

Stellen Sie sich vor, Sie hätten in einem Wirtschaftsjahr von einem Produkt 20.000 Stück zu einem Stückpreis von 2 Euro hergestellt, davon aber nur 15.000 Stück zu einem Stückpreis von 3 Euro verkauft. Aus der Kostenrechnung wissen Sie, dass sich der Gewinn als Unterschiedsbetrag von Verkaufserlösen (= Umsatzleistung) und Kosten ergibt. Demzufolge haben Sie, auf unser Beispiel bezogen, einen Gewinn von »nur« 5.000 Euro erwirtschaftet!

	15.000 Stück à 3 Euro	=	45.000 Euro Verkaufserlöse
–	20.000 Stück à 2 Euro	=	40.000 Euro Kosten
=			5.000 Euro Gewinn

Haben Sie wirklich »nur« einen Gewinn von 5.000 Euro erzielt? Wo bleiben in dieser Rechnung denn die nicht verkauften 5.000 Stück à 2 Euro? Diese sind beispielsweise nach der obigen Gewinnrechnung außen vor geblieben. Am Ende des Geschäftsjahres ergibt sich ein Mehrbestand von 5.000 Stück, da der Vorratsbestand am Ende des Jahres um 5.000 Stück größer ist als der Anfangsbestand zu Beginn des Jahres. In diesem Jahr wurden demnach mehr Produkte hergestellt als verkauft, oder anders ausgedrückt: Die Herstellungsmenge ist größer als die Absatzmenge.

Natürlich muss bei der Gewinnermittlung dieser (Lager-) Mehrbestand von 5.000 Stück ebenfalls entsprechende Berücksichtigung finden. In der Gewinn-und-Verlust-Rechnung werden im Soll insgesamt Kosten für die produzierten 20.000 Stück ausgewiesen, dem stehen aber nur entsprechende Erlöse von 15.000 Stück gegenüber. Somit werden Äpfel mit Birnen verglichen.

S	Gewinn- und	Verlust-Rechnung	H
Kosten für die Produktion von		Erlöse aus dem Verkauf von	
20.000 Stück	40.000	15.000 Stück	45.000
Gewinn	5.000		

Wo aber bleiben die restlichen 5.000 Stück, die mehr produziert als abgesetzt worden sind?

Dazu folgender Zwischengedanke: Wenn Sie exakt 15.000 Stück hergestellt und auch verkauft hätten, würde Ihr Gewinn 15.000 Euro betragen. Warum? Bei Stückkosten von 2 Euro und einem Verkaufspreis von 3 Euro je Stück entfällt 1 Euro Gewinn auf ein verkauftes Stück, was 15.000 Euro bei 15.000 verkauften Stück gleichkommt.

Einleuchtend ist, dass Sie bei 20.000 produzierten und 15.000 verkauften Stück ebenfalls einen Gewinn von 15.000 Euro erzielen müssten. Das ist auch korrekt. Ein Gewinn von 15.000 Euro stellt sich auch in unserer obigen Gewinn-und-Verlust-Rechnung ein, wenn noch ein kleiner buchhalterischer Zusatz vorgenommen wird: die 5.000 auf Lager produzierten Stück werden mit ihren Herstellkosten von 2 Euro pro Stück bewertet und ebenfalls in die Gewinn-und-Verlust-Rechnung einbezogen.

S — Gewinn- und Verlust-Rechnug — H

Soll		Haben	
Kosten für die Produktion von		Erlöse aus dem Verkauf von	
20.000 Stück	40.000	15.000 Stück	45.000
Gewinn	15.000	Herstellungskosten für die nicht Verkauften	
		5.000 Stück	10.000

Mit der Berücksichtigung des Mehrbestandes in der Gewinn-und-Verlust-Rechnung ergibt sich unter Zugrundelegung einer teilweisen Produktion auf Lager derselbe Gewinn, als wenn genau 15.000 Stück produziert und auch verkauft worden wären. In Ermangelung eines reellen Verkaufspreises sind für die auf Lager produzierten 5.000 Stück einfach die Herstellkosten als »Ersatzverkaufspreis« zugrunde gelegt worden. Stellt man den Kosten von 40.000 Euro auf der Sollseite die bewerteten Quasiverkäufe (für die Lagerproduktion) in Höhe von 10.000 Euro auf der Habenseite der Gewinn-und-Verlust-Rechnung gegenüber, so ergibt sich ein Saldo von exakt 30.000 Euro, was gleichbedeutend ist mit einer Produktionsleistung von 15.000 Stück à 2 Euro.

Jetzt werden Sie sicher fragen, auf welchem Konto die 10.000 Euro gegengebucht werden? Bekanntlich gehört zu jeder Soll- auch eine Habenbuchung. Die Habenbuchung kennen wir bereits. Auf welchem Konto wird aber die Sollbuchung vorgenommen?

Sie wird entweder auf dem Bestandskonto »Fertige Erzeugnisse« oder auf dem Konto »Unfertige Erzeugnisse« erfolgen. In unserem Fall kommt ausschließlich das Konto »Fertige Erzeugnisse« in Betracht, da es sich um bereits verkaufsfertige Produkte handelt. Haben Sie am Ende des Jahres Produkte auf Lager, die noch nicht vollkommen fertig sind beziehungsweise sich noch im Produktionsstadium befinden, so muss die Sollbuchung auf dem Konto »Unfertige Erzeugnisse« vorgenommen werden. In beiden Fällen, ob Fertigerzeugnisse oder unfertige Erzeugnisse, muss die Habenbuchung auf der Habenseite in der Gewinn-und-Verlust-Rechnung auftauchen.

S	Gewinn- und Verlust-Rechnung		H
Kosten für die Produktion von		Erlöse aus dem Verkauf von	
20.000 Stück	40.000	15.000 Stück	45.000
Gewinn	5.000	Herstellungskosten für die nicht	
		verkauften 5.000 Stück	10.000

S	Fertigerzeugnisse		H
AB	0	Schlussbestand	10.000
Mehrbestand	10.000		

So muss immer gebucht werden, wenn in einem Wirtschaftsjahr die Produktionsleistung größer als die Absatzleistung ist. Was geschieht aber, wenn in einem Jahr mehr verkauft als produziert wird? Steht zum Beispiel im Folgejahr einer Produktion von 18.000 Stück zu je 2,50 Euro eine Verkaufsleistung von 20.000 Stück zu je 3 Euro gegenüber, bedeutet das, dass zusätzlich zur Produktion nochmals 2.000 Stück aus dem Lagerbestand des Vorjahres verkauft worden sind. Die buchhalterische Behandlung dieses Bestandsabgangs geschieht entsprechend.

S	Gewinn- und Verlust-Rechnung		H
Kosten für die Produktion von 18.000 Stück	45.000	Erlöse aus dem Verkauf von 20.000 Stück	60.000
Herstellungskosten für die auf Lager genommenen 2.000 Stück	4.000		
Gewinn	11.000		

S	Fertigerzeugnisse		H
AB	10.000	Minderbestand	4.000
		Schlussbestand	6.000

Mit dieser Buchung erreicht man, dass den verkauften 20.000 Stück auch Herstellkosten für 20.000 Stück gegenüberstehen, 18.000 Stück mit den Kosten des aktuellen Jahres von je 2,50 Euro pro Stück und 2.000 Stück mit Kosten aus dem Vorjahr von je 2 Euro pro Stück. Jetzt wissen Sie auch, warum Mehr- und Minderbestände in der Gewinn-und-Verlust-Rechnung berücksichtigt werden müssen, denn die Kosten des laufenden Geschäftsjahres beziehen sich immer nur auf die hergestellte, die Umsatzerlöse jedoch auf die abgesetzte Menge, und diese müssen nicht immer identisch sein.

Tipp Wenn Sie mehrere unterschiedliche Produkte herstellen, lohnt es sich, alle Mehr- oder Minderbestände sämtlicher Produkte zuerst auf einem Sammelkonto »Bestandsveränderungen« zu erfassen und dieses anschließend in einem zweiten Schritt über die Gewinn-und-Verlust-Rechnung abzuschließen.

Durch körperliche Bestandsaufnahme wurden zum 31.12.2005 folgende Bestände ermittelt:		
	Bestand zum 31.12.2005 (Stück)	Herstellkosten pro Stück (Euro)
unfertiges Erzeugnis I	2.380	2,50
unfertiges Erzeugnis II	800	1,95
fertiges Erzeugnis I	2.550	4,80

Das Konto »unfertige Erzeugnisse« weist in Ihrer Eröffnungsbilanz einen Anfangsbestand von 10.000 Euro auf, das Konto »Fertigerzeugnisse« einen von 2.000 Euro.
An unfertigen Erzeugnissen befinden sich Ende 2005 laut Inventur wertmäßig für insgesamt 7.510 Euro (2.380 à 2,50 + 800 à 1,95) Waren in Ihrem Lager. Gegenüber dem Anfangsbestand von 10.000 Euro ergibt sich somit eine Bestandsminderung in Höhe von 2.490 Euro. Im gleichen Zeitraum stieg der Bestand an Fertigerzeugnissen von anfänglich 2.000 Euro auf insgesamt 12.240 Euro (2.550 à 4,80) an. Bei den Fertigerzeugnissen liegt demnach eine Bestandsmehrung in Höhe von 10.240 Euro vor.
Sie haben jetzt zwei Möglichkeiten: Sie buchen den Mehrbestand von 10.240 Euro und den Minderbestand in Höhe von 7.510 Euro separat voneinander sofort über die Gewinn-und-Verlust-Rechnung. Die zweite Möglichkeit, nämlich der Zwischeneinschub eines Kontos mit dem Namen »Bestandsveränderungen«, ist allerdings die elegantere und auch praxisgerechtere Lösung. Sie wird Ihnen an folgendem Beispiel vorgeführt.
Richten Sie sich als Erstes für jedes der beiden Erzeugnisbestandskonten ein separates Konto ein und tragen Sie den Anfangsbestand entsprechend der Aufgabenstellung ein. Danach werden die jeweiligen Endbestände eingetragen, die sich aufgrund der bewerteten Inventur Ende des Jahres 2005 ergeben haben. In einem dritten Schritt errechnen Sie dann die jeweiligen Unterschiedsbeträge und tragen sie so ein, dass sich jeweils beide Konten im Soll und Haben ausgleichen.
An der kontenmäßigen Darstellung lässt sich sehr gut erkennen, dass eine Bestandsmehrung jeweils im Soll und eine Bestandsminderung

S	Fertigerzeugnisse	H
AB lt. Vorjahresinventur 2.000		Schlussbestand lt. diesjähriger Inventur 12.240
Bestandsveränderung (= Mehrbestand) 10.240		

S	unfertige Erzeugnisse	H
AB lt. Vorjahresinventur 10.000		Bestandsveränderung (= Minderbestand) 2.490
		Schlussbestand lt. diesjähriger Inventur 7.510

S	Bestandsveränderung	H
1) Minderbestand an unfertigen Erzeugnissen 2.490		2) Mehrbestand an fertigen Erzeugnissen 10.240
3) Saldo 7.750		

im Haben des jeweiligen Bestandskontos ausgewiesen werden muss. Das Gegenkonto zur Bestandsveränderung (ob es sich nun um eine Bestandsmehrung oder -minderung handelt) ist das Konto »Bestandsveränderungen«.

Die auf dem Konto »Bestandsveränderungen« vorgenommenen Buchungen ergeben sich aus folgenden Buchungssätzen:

1. Bestandsveränderungen	2.490 Euro	
an unfertige Erzeugnisse		2.490 Euro
2. Fertigerzeugnisse	10.240 Euro	
an Bestandsveränderungen		10.240 Euro

Liegt eine Bestandsminderung vor, wird immer gebucht: »Bestandsveränderung an ...«; bei einer Bestandsmehrung muss gebucht werden: »... an Bestandsveränderung«. Die Folge daraus ist, dass Minder-

bestände auf dem Konto »Bestandsveränderungen« immer im Soll ausgewiesen und Mehrbestände auf der Habenseite platziert werden. Wie aber werden die Konten korrekt abgeschlossen und wo erscheint der Saldo nach dem erfolgten Abschluss?
Die beiden Konten »unfertige Erzeugnisse« und »Fertigerzeugnisse« sind Bestandskonten und werden über die Schlussbilanz abgeschlossen. Das Konto »Bestandsveränderungen« zählt zu den Erfolgskonten und findet seinen Abschluss in der Gewinn-und-Verlust-Rechnung. Insofern fehlt bei diesem Konto auch der Anfangsbestand, denn einen Anfangsbestand haben nur Bestandskonten, die über die Schlussbilanz abgeschlossen werden.
Das Konto »Fertigerzeugnisse« weist am Jahresende einen Schlussbestand von 12.240 Euro aus, der auch in die Schlussbilanz übernommen werden muss. Der entsprechende Buchungssatz dazu lautet:

Schlussbilanzkonto	12.240 Euro	
an Fertigerzeugnisse		12.240 Euro

Das Konto »unfertige Erzeugnisse« hat einen Schlussbestand von 7.510 Euro, der durch folgende Buchung in die Schlussbilanz zu übernehmen ist:

Schlussbilanzkonto	7.510 Euro	
an unfertige Erzeugnisse		7.510 Euro

Beide Konten werden in der Schlussbilanz im Umlaufvermögen unter der Bilanzposition »Vorräte« ausgewiesen.

S	Fertigerzeugnisse		H
AB lt. Vorjahresinventur	2.000	Schlussbestand lt. diesjähriger Inventur	12.240
Bestandsveränderung (= Mehrbestand)	10.240		

S	unfertige Erzeugnisse	H
AB lt. Vorjahresinventur 10.000	Bestandsveränderung (= Minderbestand) 2.490	
	Schlussbestand lt. diesjähriger Inventur 7.510	

S	Schlussbilanzkonto	H
...		
Umlaufvermögen		
1. Vorräte		
Fertigerzeugnisse 12.240		
Unfertige Erzeugnisse 7.510		

Im Gegensatz dazu wird das Konto »Bestandsveränderungen« durch folgende Buchung über die Gewinn-und-Verlust-Rechnung abgeschlossen:

Bestandsveränderungen	7.750 Euro	
an Gewinn-und-Verlust-Rechnung		7.750 Euro
(= bei einem insgesamten Mehrbestand)		
[Gewinn-und-Verlust-Rechnung	.... Euro	
an Bestandsveränderungen		.... Euro]
(= bei einem insgesamten Minderbestand)		

S	Bestandsveränderung	H
1) Minderbestand an unfertigen Erzeugnissen 2.490	2) Mehrbestand an fertigen Erzeugnissen 10.240	
3) Saldo 7.750		

S	Gewinn- und Verlust-Rechnung	H
verschiedene Kosten		… Bestandsveränderungen 7.750

Sind Ihre Bestände an fertigen Erzeugnissen größer geworden, bedeutet das, dass Sie während des Geschäftsjahres nicht alles verkaufen konnten, was zuvor produziert wurde. Sie mussten folglich »auf Lager« produzieren. Neben der Umsatzleistung (= verkaufte Menge × Verkaufspreis pro Stück) tritt dann die Lagerleistung (= auf Lager produzierte Menge × Herstellkosten pro Stück). Treten zwischen der produzierten und der abgesetzten Menge Abweichungen auf, ist es für eine korrekte Ermittlung Ihres Betriebsergebnisses unbedingt erforderlich, dass die Bestandsveränderungen in Ihrer Gewinn-und-Verlust-Rechnung Berücksichtigung finden.

14.

Vorgänge im Zahlungsbereich

Das Geld ist das Blut eines Unternehmens. Ohne Geld kann kein Unternehmen lange bestehen. Sie als Unternehmer brauchen zum einen Geld für die Bezahlung Ihrer Rechnungen und erhalten zum anderen welches von Ihren Kunden, die damit Ihre Forderungen bei Ihnen ausgleichen. Mit Geld haben Sie quasi täglich zu tun. In der Regel ist es aber nicht so, dass der Kunde bei Ihnen vorbeikommt und seine Rechnung bar bezahlt, genauso wenig wie Sie Ihre Verbindlichkeiten bar bei Ihrem Lieferanten begleichen. Außer einer Barzahlung kommen in der täglichen Betriebspraxis zahlreiche Varianten vor, wie eine offene Rechnung ausgeglichen werden kann. Die Hauptsäulen des gesamten Zahlungsbereiches stützen sich dabei auf

- Anzahlungen,
- Wechsel und
- Schecks.

Anzahlungen

Besonders in schwachen Konjunkturzeiten, wenn Sie in Zahlungsschwierigkeiten geraten oder bei größeren Bestellungen kann es Ihnen passieren, dass Sie bei einer Bestellung vor der eigentlichen Lieferung mit einer Anzahlung in Vorleistung treten müssen. In einem solchen Fall bestellen Sie etwas bei Ihrem Lieferanten und dieser liefert nur, wenn er zuvor bereits eine Teilzahlung von Ihnen erhalten hat.

z.B. Sie bestellen bei Ihrem Lieferanten eine neue Maschine für Ihre Produktion. Diese soll insgesamt 100.000 Euro zuzüglich 16 Prozent Umsatzsteuer kosten. Damit der Lieferant kein Risiko eingeht, verlangt er bei Vertragsunterzeichnung eine Anzahlung von 50.000 Euro zuzüglich 16 Prozent Umsatzsteuer. Der Kaufvertrag wird am 1. April unterzeichnet, als Liefertermin ist der 1. Oktober desselben Jahres vereinbart worden.

Am 1. April buchen Sie:

1) geleistete Anzahlung auf Maschinen	50.000 Euro
Vorsteuer	8.000 Euro
an Bank	58.000 Euro

Die geleistete Anzahlung stellt praktisch eine Zahlung Ihrerseits dar, für die Sie noch keine Gegenleistung erhalten haben. Somit stellt eine geleistete Anzahlung so lange eine Forderung gegenüber Ihrem Lieferanten dar, bis dieser die Lieferung erbracht hat. Da der Lieferant bereits die Hälfte des Kaufpreises als Anzahlung erhalten hat, wird seine Endrechnung mit der Lieferung der Maschine am 1. Oktober wie folgt aussehen:

Lieferung einer Maschine	100.000 Euro
abzüglich einer Anzahlung	50.000 Euro
verbleibender Restbetrag	50.000 Euro
zuzüglich 16 Prozent Umsatzsteuer	8.000 Euro
noch zu zahlender Rechnungspreis	58.000 Euro

Mit der Lieferung der bestellten Maschine am 1. Oktober buchen Sie:

2) Maschinen	100.000 Euro
Vorsteuer	8.000 Euro
an Verbindlichkeiten a.L.+L.	58.000 Euro
an geleistete Anzahlungen	50.000 Euro

Im Ergebnis gleicht sich das Konto »Geleistete Anzahlungen« wieder aus, und zwar so, als wenn Sie überhaupt keine Anzahlung geleistet hätten.

S	Maschinen		H
2)	100.000		

S	Vorsteuer		H
	8.000		
	8.000		

S	geleistete Anzahlungen		H
1)	50.000	2)	50.000

S	Verbindlichkeiten		H
		2)	58.000

S	Bank		H
		1)	58.000

Es kann aber auch der umgekehrte Fall eintreten: wenn Sie aufgrund von mutmaßlichen Zahlungsschwierigkeiten eines Kunden die Ware nur gegen eine Anzahlung abgeben möchten:
Ein Kunde bestellt bei Ihnen Ware zu einem Preis von 20.000 Euro zuzüglich 16 Prozent Umsatzsteuer. Aufgrund eines relativ hohen Ausfallrisikos erklären Sie sich erst bei einer Kundenanzahlung von 15.000 Euro zuzüglich 16 Prozent Umsatzsteuer dazu bereit, die bestellte Ware an den Kunden zu verschicken. Die Kundenanzahlung geht am 1. April auf Ihrem Bankkonto ein, die Warenlieferung erfolgt am 1. Juni desselben Jahres.
Am 1. April buchen Sie:

1)	Bank	17.400 Euro	
	an erhaltene Anzahlungen auf Bestellungen		15.000 Euro
	an Umsatzsteuer		2.400 Euro

Eine erhaltene Anzahlung verdeutlicht, dass Sie bereits Geld für etwas erhalten haben, das Sie noch nicht ausgeliefert haben. Sie schulden

Ihrem Kunden quasi noch die Gegenleistung. Aus diesem Grund wird eine erhaltene Anzahlung auch so lange als eine »Schuld« gegenüber Ihrem Kunden angesehen, bis Sie die Gegenleistung erbracht haben. Da der Kunde bereits einen Teil des Kaufpreises als Anzahlung geleistet hat, muss dies von Ihnen auch in der Endrechnung berücksichtigt werden.

Verkauf der Ware XY	20.000 Euro
abzüglich erhaltener Anzahlung	15.000 Euro
verbleibender Restbetrag	5.000 Euro
zuzüglich 16 Prozent Umsatzsteuer	800 Euro
noch zu zahlender Rechnungsbetrag	5.800 Euro

Mit der Versendung der Ware an den Kunden buchen Sie:

2)	Forderungen a. L.+L.	5.800 Euro
	erhaltene Anzahlungen auf Bestellungen	15.000 Eur
	an Verkaufserlöse	20.000 Euro
	an Umsatzsteuer	800 Euro

Im Ergebnis gleicht sich das Konto »Erhaltene Anzahlungen auf Bestellungen« wieder aus, und zwar so, als wenn Sie überhaupt keine Anzahlung erhalten hätten.

S	Verkaufserlöse		H
		2)	20.000

S	Umsatzsteuer	H
		2.400
		800

S	erhaltene Anzahlungen		H
2)	15.000	1)	15.000

S	Forderungen		H
2)	5.800		

S	Bank		H
1)	17.400		

Tipp

Geleistete Anzahlungen haben Forderungscharakter und müssen in der Bilanz auf der Aktivseite ausgewiesen werden, erhaltene Anzahlungen sind den Verbindlichkeiten zuzuordnen und auf die Passivseite der Bilanz einzustellen.

Wechsel

In der Regel werden Forderungen a. L.+L. durch Banküberweisung oder in bar bezahlt. In Ausnahmefällen kann eine Forderung a. L.+L. aber auch durch einen Wechsel beglichen werden. In der Regel wird dabei der Lieferer auf seinen Kunden einen Wechsel ziehen, den dieser durch seine Unterschrift akzeptiert. Durch die Wechselziehung ist aus der Forderung a. L.+L. eine Wechselforderung entstanden. Diese ist auf dem Konto »Besitzwechsel« umzubuchen. Dem Wechselinhaber bietet die Forderungsumschichtung gleich drei Vorteile:

1. Er erhält aufgrund des sehr strengen Wechselgesetzes eine Sicherheit für seine Forderung,
2. er kann den Wechsel wie Bargeld als Zahlungsmittel weitergeben oder
3. er lässt den Wechsel bei seiner Hausbank diskontieren und sich den Gegenwert auf seinem Bankkonto gutschreiben.

Was für den Lieferanten ein Besitzwechsel, ist für denjenigen, der Geld zu bezahlen hat, ein Schuldwechsel. Er muss eine Umbuchung vom Konto »Verbindlichkeiten a. L.+L.« auf das Konto »Schuldwechsel« vornehmen.

z.B.

Ein Kunde, dem wir Waren für insgesamt 20.000 Euro zuzüglich 16 Prozent Umsatzsteuer verkauft haben, kann seine offene Rechnung nicht sofort bezahlen und bittet um Akzeptierung eines Wechsels mit 80 Tagen Restlaufzeit.
Da das auf 80 Tage erhöhte Zahlungsziel indirekt einer Kreditgewährung gleichkommt, berechnen Sie Ihrem Kunden für die Zahlungsfristverlängerung Zinsen. Die Zinsen heißen beim Wechsel zwar Diskont, haben aber die gleiche Bedeutung und den gleichen Inhalt. Bei unterstellten 15 Prozent Diskont für 80 Tage auf einen Betrag von insgesamt 23.200 Euro ergibt sich für den Kunden durch die Zahlungsfristverlängerung noch mal eine finanzielle Belastung von insgesamt 773,33 Euro (23.200 × 15/100 × 80/360).
Die buchtechnische Behandlung sieht folgendermaßen aus:

1) Forderungen a.L.+L.	23.200,00 Euro
an Verkaufserlöse	20.000,00 Euro
an Umsatzsteuer	3.200,00 Euro
2) Besitzwechsel	23.200,00 Euro
an Forderungen a.L.+L.	23.200,00 Euro
3) Forderungen a.L.+L.	773,33 Euro
an Diskonterträge	773,33 Euro

Jetzt haben Sie als Wechselinhaber grundsätzlich drei Möglichkeiten, den Wechsel zu verwenden:

1. Weitergabe des Wechsels an einen Lieferanten zur Begleichung einer Verbindlichkeit,

2. Wechseldiskontierung bei der Bank oder
3. Aufbewahrung bis zum Fälligkeitstag und Einlösung.

Weitergabe des Wechsels an einen Lieferanten zur Begleichung einer Verbindlichkeit

Die Wechselurkunde hat in der Bundesrepublik Deutschland Bargeldcharakter. Sie haben mit einem Wechsel mittels eines Weitergabevermerkes (= Indossament) die Möglichkeit, Ihrerseits Schulden zu bezahlen.
Die Buchung lautet:

1) Verbindlichkeiten a.L.+L.	23.200,00 Euro
an Besitzwechsel	23.200,00 Euro

Ihr Lieferant kann jedoch auch erst nach 80 Tagen den Wechsel zu Bargeld umtauschen. Aus diesem Grunde wird er Ihnen auch Diskontzinsen für die Zwischenzeit berechnen. Er wird Ihnen demnach Folgendes zusätzlich in Rechnung stellen:
Diskont 15 % für 80 Tage von 23.200 Euro = 773,33 Euro
In diesem Fall erhalten Sie keine Diskontzinsen, sondern müssen welche bezahlen. Infolgedessen müssen Sie buchen:

2) Diskontaufwendungen	773,33 Euro
an Verbindlichkeiten a.L.+L.	773,33 Euro

Wechseldiskontierung bei der Bank

Die zweite Möglichkeit ist, den Wechsel, statt ihn an einen Lieferanten weiterzugeben, bei der Bank diskontieren zu lassen. Die Diskontierung bei einer Bank bedeutet nichts anderes, als dass Sie Ihrer Hausbank den Wechsel übergeben und dafür sofort Bargeld verlangen. Da die Bank die Restlaufzeit von 80 Tagen ebenfalls überbrücken muss, wird sie Ihnen Zinsen und Spesen für die Zeit bis zur Fälligkeit

des Wechsels in Rechnung stellen. Sie erhalten demnach nicht den vollständigen Wechselbetrag auf Ihrem Bankkonto gutgeschrieben, der auf der Wechselurkunde verzeichnet ist, sondern einen um Zinsen und Spesen geminderten Geldbetrag.
Die Berechnung der Bank wird folgendermaßen aussehen:

	Wechselbetrag	23.200,00 Euro
–	Diskont 15 Prozent für 80 Tage	773,33 Euro
–	Bankspesen	10,00 Euro
	Gutschriftsbetrag auf Ihrem Bankkonto	22.416,67 Euro

Die entsprechende Buchung dazu lautet:

Bank	22.416,67 Euro
Diskontaufwendungen	773,33 Euro
Kosten des Geldverkehrs	10,00 Euro
an Besitzwechsel	23.200,00 Euro

Aufbewahrung bis zum Fälligkeitstag und Einlösung

Die dritte Möglichkeit der Verwertung des Wechsels besteht darin, dass Sie ihn bis zum Verfalltag aufbewahren und am Fälligkeitstage vom Zahlungsschuldner (= Bezogener) gegen Aushändigung der Wechselurkunde die Zahlung verlangen. In diesem Fall erhalten Sie die volle Wechselbetragssumme. Sie buchen:

Bank	23.200,00 Euro
an Besitzwechsel	23.200,00 Euro

Bisher war immer nur die Rede vom Aussteller (das heißt demjenigen, der die Zahlung verlangen kann). Wie aber bucht derjenige, der sich zur Zahlung verpflichtet hat?

z.B. Sie haben von Ihrem Lieferanten Rohstoffe für insgesamt 20.000 Euro zuzüglich 16 Prozent Umsatzsteuer gekauft. Da Sie zurzeit nicht sofort bezahlen können, bitten Sie Ihren Lieferanten um die Ausstellung eines Wechsels, den Sie akzeptieren. Dieser hat bis zum Fälligkeitstag eine Restlaufzeit von 80 Tagen.

Da das auf 80 Tage erhöhte Zahlungsziel indirekt einer Kreditgewährung gleichkommt, berechnet Ihnen Ihr Lieferant für die Zahlungsfristverlängerung Diskont. Bei unterstellten 15 Prozent Diskont für 80 Tage auf einen Betrag von insgesamt 23.200 Euro ergibt sich für Sie durch die Zahlungsfristverlängerung nochmals eine finanzielle Belastung von insgesamt 773,33 Euro (23.200 × 15/100 × 80/360).

Die buchtechnische Behandlung bei Ihnen als Zahlungsschuldner sieht folgendermaßen aus:

1)	Rohstoffe	20.000,00 Euro
	Vorsteuer	3.200,00 Euro
	an Verbindlichkeiten a.L.+L.	23.200,00 Euro
2)	Verbindlichkeiten a.L.+L.	23.200,00 Euro
	an Schuldwechsel	23.200,00 Euro
3)	Diskontaufwendungen	773,33 Euro
	an Verbindlichkeiten a.L.+L.	773,33 Euro

Schecks

Die buchhalterische Behandlung des Schecks ist nicht ganz so schwierig wie die des Wechsels. Bei Schecks müssen Sie grundsätzlich unterscheiden in

- eigene Schecks und
- Kundenschecks.

Eigene Schecks stellen Sie selber aus, um damit bei Ihrem Lieferanten eine fällige Verbindlichkeit zu begleichen. Kundenschecks erhalten Sie von Ihren Kunden, die damit die bei Ihnen bestehenden Forderungen ausgleichen.
Eigene Schecks werden von Ihnen ausgestellt und per Post zum Lieferanten geschickt. Dieser löst sie bei seiner Hausbank ein und erhält in der Regel drei bis fünf Tage später eine entsprechende Gutschrift auf seinem Konto. Während dieser Zeit erfolgte bereits eine Belastung in gleicher Höhe auf Ihrem Konto.
Die Scheckbelastung auf Ihrem Bankkonto wird auf dem Bankauszug der Bank dokumentiert. Erst zu diesem Zeitpunkt müssen Sie die Bezahlung einer Lieferantenverbindlichkeit buchhalterisch erfassen. Solange die Schecksumme auf Ihrem Bankkonto nicht belastet wurde, ist die Verbindlichkeit rechtlich auch noch nicht erloschen.

z.B. Sie als Unternehmer stellen am 1. März auf den Lieferanten L einen Scheck zur Begleichung einer Verbindlichkeit in Höhe von 10.000 Euro aus. Am 2. März verschicken Sie den Scheck per Post an Ihren Lieferanten, der ihn am 3. März in Empfang nimmt. L reicht den Scheck am 7. März bei seiner Hausbank zur Gutschrift auf seinem Konto ein. Die Lastschrift auf Ihrem Bankkonto erfolgt erst am 10. März. Insofern müssen Sie auch erst am 10. März folgende Buchung vornehmen:

Verbindlichkeiten a. L.+L.	10.000 Euro
an Bank	10.000 Euro

! Eigene Schecks nennt man auch Ausgangsschecks. Sie werden in der Buchhaltung erst zu dem Zeitpunkt erfasst, an dem eine entsprechende Belastung auf Ihrem Bankkonto stattfindet. Erst mit der Belastung auf Ihrem Bankkonto kann die Verbindlichkeit rechtlich gesehen als bezahlt angesehen werden.

Bei Kundenschecks ist die Situation genau spiegelbildlich. In diesem Fall erhalten Sie einen Scheck von einem Kunden, der damit eine offene Rechnung bezahlen möchte. Bezüglich der buchhalterischen Erfassung haben Sie mehrere Möglichkeiten:

1. Sie führen ein Scheckeingangsbuch, in dem alle eingehenden Schecks eingetragen werden. Diese müssen nach erfolgter Gutschrift auf Ihrem Bankkonto dann allerdings auch wieder ausgetragen werden.
2. Sie buchen den gesamten Vorgang erst, wenn die Gutschrift Ihrer Hausbank vorliegt.
3. Speziell in größeren Unternehmen ist es üblich, alle eingehenden Schecks zunächst auf einem separaten Konto mit dem Namen »Scheckeingänge« zu erfassen und diese anschließend bei erfolgter Gutschrift auf dem Bankkonto umzubuchen.

z.B. Sie als Unternehmer erhalten am 3. März von Ihrem Kunden einen Verrechnungsscheck zur Begleichung einer Forderung in Höhe von 10.000 Euro. Sie reichen den Kundenscheck am 7. März bei Ihrer Hausbank zur Gutschrift auf Ihrem Konto ein. Die Gutschrift der Bank erfolgt am 13. März.
Bei der Verbuchung haben Sie nun folgende Möglichkeiten:

am 07.03.: Scheckeingänge	10.000 Euro
an Forderungen a. L.+L.	10.000 Euro
am 13.03.: Bank	10.000 Euro
an Scheckeingänge	10.000 Euro

Alternativ hätten Sie auch direkt am 13. März »Bank an Forderungen 10.000 Euro« buchen können, da eine Erfassung auf dem Konto »Scheckeingänge« nicht zwingend erforderlich ist. Das Zwischenkonto »Scheckeingänge« dient nur als Überbrückungskonto während der Zeit zwischen Scheckeinreichung und tatsächlicher Gutschrift des Scheckbetrages auf Ihrem Bankkonto.

!

Kundenschecks werden auch als Eingangsschecks bezeichnet. Eingangsschecks müssen erst zu dem Zeitpunkt in Ihrer Buchhaltung erfasst werden, an dem sie auf dem Bankkonto Ihrer Bank gutgeschrieben werden, da erst mit der Gutschrift auf Ihrem Bankkonto die Forderung gegenüber dem Kunden mit rechtlicher Wirkung ausgeglichen ist.

15.

Kauf und Verkauf von Anlagegütern

Beim Kauf und Verkauf von Anlagegütern tauchen in der Praxis beim Buchen immer wieder Probleme auf. Aus diesem Grund werden in diesem Kapitel die gängigsten Bereiche vorgestellt:

1. Das Problem mit der Ermittlung der richtigen Anschaffungskosten
2. Wie führe ich eine Anlagenbuchhaltung richtig und korrekt?
3. Buchhalterische Behandlung von Anlagenverkäufen unter und über Buchwert
4. Was hat es mit den »geringwertigen Wirtschaftsgütern« auf sich?

Ermittlung der richtigen Anschaffungskosten

Anschaffungskosten sind die Aufwendungen, die geleistet werden, um einen Vermögensgegenstand zu erwerben und ihn in einen betriebsbereiten Zustand zu versetzen, soweit sie dem Vermögensgegenstand einzeln zugeordnet werden können. Zu den Anschaffungskosten gehören auch die Nebenkosten sowie die nachträglichen Anschaffungskosten. Anschaffungspreisminderungen sind abzusetzen. So steht es im Gesetz – aber was heißt das nun im Einzelnen?

! Unter Anschaffungskosten versteht man den vom Lieferanten in Rechnung gestellten Nettokaufpreis ohne abziehbare Vorsteuer.
Unter die Anschaffungsnebenkosten fallen sämtliche Beträge, die zusätzlich zum eigentlichen Kaufpreis bezahlt werden müssen.
Anschaffungspreisminderungen beinhalten alle Preisnachlässe, die beim Erwerb des Anlagegutes sofort nach der Lieferung oder später gewährt und eingeräumt werden.

Anzusetzen sind die tatsächlichen Ausgaben; Rabatte, Boni und Skonti mindern die Anschaffungskosten. Nebenkosten und nachträgliche Anschaffungskosten erhöhen diese; nicht zu den Anschaffungskosten gehören Gemein- und Finanzierungskosten.
Demnach sind Bestandteile der Anschaffungskosten:

- ❑ Anschaffungshauptkosten (= Nettokaufpreis und übernommene Schulden)
- ❑ Anschaffungsnebenkosten
- ❑ Bezugskosten (Verpackung, Transportversicherung, Fremdfrachten, Überführungskosten, Rollgelder)
- ❑ Maklerprovision, Notarkosten, Grundbuchkosten, Grunderwerbsteuer, Gutachterkosten, Vermessungskosten, Zölle und so weiter
- ❑ Kosten der ersten Inbetriebnahme (Maschinenfundamente, Installationen, TÜV, Aufstellungs- und Montagekosten und so weiter)
- ❑ nachträgliche Anschaffungskosten (zum Beispiel nachträgliche Erweiterung einer EDV-Anlage oder nachträglicher Einbau eines Autoradios)
- ❑ Anschaffungspreisminderungen (Skonto, sofern in Anspruch genommen, Rabatt, Jahresboni, Nachlass wegen Mängelrüge)

Nicht zu den Anschaffungskosten gehören:

- ❑ Anschaffungsgemeinkosten (nicht einzeln zurechenbare Kosten)
- ❑ abzugsfähige Vorsteuer
- ❑ Finanzierungskosten (Zinsen, Diskont, Mahnkosten und so weiter)
- ❑ Vertragsstrafen
- ❑ Palettenpfand und so weiter

Die gesamte Problematik soll anhand von drei Beispielen verdeutlicht werden, die in der Praxis am häufigsten vorkommen: der Kauf einer Produktionsmaschine, der Kauf eines Lkws und der Kauf eines Grundstücks.

z.B.

Unternehmer Daniel Düsentrieb erhielt für seine Produktionsabteilung am 15. Juli 2006 eine Fertigungsmaschine (Nutzungsdauer zehn Jahre). Die Hauptrechnung lautet:

	Verkaufspreis	100.000 Euro
–	20 Prozent Rabatt	20.000 Euro
	Nettopreis	80.000 Euro
+	16 Prozent Umsatzsteuer	12.800 Euro
	Rechnungsbetrag	92.800 Euro

Bezahlt wurde zehn Tage nach der Lieferung mit einem Bankscheck unter Abzug von 3 Prozent Skonto. Außerdem wurden von Daniel Düsentrieb im Zusammenhang mit dem Kauf der Fertigungsmaschine bezahlt:

zusätzliche Kosten			
	netto	16 Prozent USt	brutto
Fracht lt. Spedition	1.500	240	1.740
Transportversicherung	250		250
Prämie für die Maschinenbrandversicherung für drei Jahre	1.500		1.500
Palettenpfand	100	16	116
Fundamentierung und Montage	3.200	512	3.712
Elektroinstallation für die Maschine	850	136	986
TÜV-Abnahme	150	24	174
produzierter Ausschuss während der Anlaufphase der Maschine	2.000		2.000

Daniel Düsentrieb begleicht sämtliche Rechnungen für die zusätzlichen Kosten ohne Skontoabzug. Zur Finanzierung der Maschine hat er bei der Sparkasse Aldenhoven einen Kredit in Höhe von 100.000 Euro zu 7 Prozent Zinsen pro Jahr aufgenommen.
Fragen:

1. Wie hoch sind die Anschaffungskosten der Maschine?
2. Wie ist am Anschaffungstag zu buchen?
3. Wie ist am Tage der Zahlungen zu buchen?
4. Wie ist am Bilanzstichtag 31.12.2006 zu buchen?

Ermittlung der Anschaffungskosten der Produktionsmaschine

Zu den Anschaffungskosten zählen alle Aufwendungen, die geleistet werden, um einen Vermögensgegenstand zu erwerben und ihn in einen betriebsbereiten Zustand zu versetzen, soweit sie dem Vermögensgegenstand einzeln zugeordnet werden können, zuzüglich Anschaffungsnebenkosten und abzüglich Anschaffungspreisminderungen.
Die Anschaffungspreisminderungen sind noch am einfachsten zu lokalisieren; zu ihnen zählen sicherlich der gewährte Rabatt in Höhe von 20.000 Euro und das bei der Zahlung in Anspruch genommene Skonto. Beide Anschaffungspreisminderungen erfahren jedoch eine unterschiedliche buchhalterische Behandlung. Während der Rabatt erst gar nicht gebucht wird, werden die Anschaffungskosten um den nachträglich in Anspruch genommenen Skontobetrag gekürzt.
Schwieriger wird es hingegen bereits bei der Bestimmung der Anschaffungsnebenkosten. Dazu muss man sich nur vorstellen, welche Kosten einzig und allein im Zusammenhang mit dem Erwerb der Maschine stehen. Alle anderen Kosten können nämlich nicht einzeln der Produktionsmaschine zugeordnet werden und scheiden damit für eine Aktivierung aus. Nicht einzeln zugeordnete Kosten können Sie sofort als Aufwand gewinnmindernd verbuchen. Der besseren Über-

sichtlichkeit wegen ist es vorteilhaft, sich eine aussagekräftige Tabelle zu erstellen:

Anschaffungsnebenkosten oder sofort abzugsfähiger Aufwand		
	Anschaffungs-nebenkosten	sofort gewinnmindernder Aufwand
Fracht lt. Spedition	×	
Transportversicherung	×	
Prämie für die Maschinen-brandversicherung für drei Jahre		×
Palettenpfand		
Fundamentierung und Montage	×	
Elektroinstallation für die Maschine	×	
TÜV-Abnahme	×	
produzierter Ausschuss während der Anlaufphase der Maschine		×

Die Frachtkosten und die Transportversicherung zählen sicherlich zu den Anschaffungsnebenkosten der Produktionsmaschine, da sie nur entstanden sind, weil der Kauf stattfand, andernfalls wären sie nicht angefallen und hätten auch nicht bezahlt werden müssen. Das Gleiche gilt für die Kosten der Fundamentierung, Elektroinstallation und TÜV-Abnahme. Dagegen stellen die Versicherungsprämie und der produzierte Ausschuss während der Anlaufphase sofort abzugsfähigen Aufwand dar.

Beide Aufwandsarten lassen sich nicht mit hundertprozentiger Sicherheit der gekauften Maschine unmittelbar zuordnen. Der Versicherungsschutz im Rahmen der Maschinenbrandversicherung umfasst alle Produktionsmaschinen Daniel Düsentriebs, und der produzierte Ausschuss kann deshalb nicht unmittelbar der Produktionsmaschine zugeordnet werden, weil dem Ausschuss auch minderwertiges Mate-

rial für die Verarbeitung zugrunde liegen könnte. Damit ist eine eindeutige Zuordnung dieser beiden Kostenfaktoren nicht gegeben.
Das Palettenpfand kann auch nicht mit den Anschaffungskosten der Maschine aktiviert werden, weil der Betrag nur eine »Sicherheitsleistung« für die Rückgabe der Paletten darstellt. Insofern stellt das Palettenpfand weder aktivierungspflichtige Anschaffungskosten noch gewinnmindernden Aufwand dar, sondern lediglich einen aktivierungspflichtigen sonstigen Vermögensgegenstand.
Keine Anschaffungskosten stellen Finanzierungskosten und die abzugsfähige Vorsteuer dar. Wie Sie aus den vorherigen Kapiteln bereits wissen, stellt die Vorsteuer eine Forderung gegenüber dem Finanzamt dar, die Sie mit der zu zahlenden Umsatzsteuer verrechnen können. Finanzierungskosten zählen aus einem anderen Grund nicht zu den Anschaffungskosten: die Rückzahlung der Schuld wird erfolgsneutral gebucht, die zu zahlenden Kosten für das Darlehen, nämlich die Zinsen, können erfolgswirksam, das heißt gewinnmindernd, berücksichtigt werden. Würde man das Darlehen ebenfalls bei den Anschaffungskosten der Produktionsmaschine berücksichtigen, müsste die Darlehenshöhe konsequenterweise von den Anschaffungskosten abgezogen werden; damit vermindert sich aber die Bemessungsgrundlage der Abschreibung, und das ist nicht gewollt.
Nachdem ausgesondert worden ist, was nicht zu den Anschaffungs(neben)kosten gehört, wird in einem weiteren Schritt die genaue Höhe der Anschaffungskosten ermittelt:

	Nettopreis der Fertigungsmaschine	80.000 Euro
+	Frachtkosten	1.500 Euro
+	Transportversicherung	250 Euro
+	Kosten für die Fundamentierung	3.200 Euro
+	Elektroinstallation	850 Euro
+	TÜV	150 Euro
=	gesamte Anschaffungskosten	85.950 Euro

Vorzunehmende Buchung am Anschaffungstag

Maschinen und maschinelle Anlagen	85.950 Euro
Vorsteuer	13.712 Euro*
an Verbindlichkeiten a. L.+L.	99.662 Euro

Versicherungskosten	1.500 Euro
an Verbindlichkeiten a. L.+L.	1.500 Euro

sonstige Vermögensgegenstände (= Palettenpfand)	100 Euro
Vorsteuer	16 Euro
an Verbindlichkeiten a. L.+L.	116 Euro

Die Kosten für den Ausschuss in Höhe von 2.000 Euro müssen im Rahmen des Anschaffungsvorgangs nicht separat gebucht werden, da sie bereits vollständig auf den Kostenkonten des Unternehmens in Form von Materialverbrauch, Lohn- und Gehaltskosten, Kosten für Strom, Gas, Wasser und so weiter erfasst sind.*
Sie dürfen aber auf keinen Fall vergessen, die Darlehensaufnahme für die Maschine buchhalterisch zu erfassen:

Bank	100.000 Euro
an Verbindlichkeiten gegenüber Kreditinstituten	100.000 Euro

Vorzunehmende Buchung am Tage der Zahlung

Wenn von Daniel Düsentrieb die fälligen Rechnungen bezahlt werden, nehmen die Verbindlichkeiten aus Lieferungen und Leistungen ab. Das Verbindlichkeitenkonto ist ein Passivkonto. Die Abnahme auf einem Passivkonto erfolgt auf der Sollseite. Wird durch Bankscheck oder Überweisung gezahlt, muss sich der Bankbestand in der gleichen

---

* Die Vorsteuer berechnet sich aus 16 Prozent von 85.700 Euro, weil die Transportversicherung in Höhe von 250 Euro netto gezahlt wird, also ohne 16 Prozent Vorsteuer.

Höhe vermindern. Das Bankkonto ist ein Aktivkonto und vermindert sich entsprechend im Haben. Der zutreffende Buchungssatz muss also lauten:

Verbindlichkeiten aus Lieferungen und Leistungen
an Bank

Sie müssen jetzt nur noch errechnen, wie viel betragsmäßig überwiesen wird.
Aus der Beispielaufgabe geht hervor, dass Daniel Düsentrieb den Rechnungsbetrag für die Fertigungsmaschine in Höhe von 92.800 Euro unter Ausnutzung von 3 Prozent Skonto (= 2.784 Euro) bezahlt. Alle anderen Rechnungen in einer Gesamthöhe von 8.478 Euro werden ohne Abzug beglichen. Demzufolge vermindert sich der Bankbestand um insgesamt 98.494 Euro (= 92.800 Euro – 2.784 Euro + 8.478 Euro). Damit werden aber Verbindlichkeiten in einer Gesamthöhe von 101.278 Euro (= 99.662 Euro + 1.500 Euro + 116 Euro) ausgeglichen. Wo bleibt nun buchhalterisch die Differenz von 2.784 Euro (= 101.278 Euro – 98.494 Euro)? Anders als im Kapitel 11 »Buchungen im Einkaufs- und Verkaufsbereich« beschrieben, wird der Skontoertrag nicht auf einem separaten Skontokonto verbucht, wenn es sich um die Begleichung einer Rechnung für ein Anlagegut handelt. Skontoertrag im Zusammenhang mit einem Anlagegut stellt eine im Nachhinein in Anspruch genommene Anschaffungspreisminderung dar und vermindert insoweit die ursprünglichen Anschaffungskosten. Deshalb wird der Skontobetrag auch auf dem entsprechenden Anlagekonto zurückgebucht.*
Buchungssatz:

Verbindlichkeiten a. L.+L.	101.278 Euro
an Bank	98.494 Euro
an Maschinen und maschinelle Anlagen	2.400 Euro*
an Vorsteuer	384 Euro*

* Selbstverständlich darf nur der Nettobetrag, also ohne den Vorsteuerbetrag, auf dem entsprechenden Anlagenkonto zurückgebucht werden. Außerdem muss in einer weiteren Buchung die ursprünglich gebuchte Vorsteuer korrigiert werden, weil sie sich ebenfalls durch den Skontoabzug mindert.

Bei Zurückgabe der leihweise zur Verfügung gestellten Paletten und Zurückerstattung des hinterlegten Palettenpfands wird entsprechend gebucht:

Bank:	116 Euro
an sonstige Vermögensgegenstände:	116 Euro

Vorzunehmende Buchung am 31.12.2006

Sie denken jetzt bestimmt: »Was soll denn noch am 31.12.2006 gebucht werden, der gesamte Anschaffungsvorgang ist doch längst abgeschlossen!« Das stimmt auch, nur muss für das Jahr 2006 noch die anteilige Abschreibung berücksichtigt werden. Im Kapitel 12 »Abschreibungen – ein Problem?« haben Sie bereits die monatsgenaue Abschreibung kennen gelernt.
Bei einer zehnjährigen Nutzungsdauer beträgt die lineare Abschreibung demnach 10 Prozent pro Jahr. Nach der degressiven Methode abgeschrieben können Sie hingegen Ihren Gewinn bereits im ersten Jahr um 20 Prozent vermindern. Der Abschreibungsbetrag berechnet sich im Anschaffungsjahr in beiden Fällen immer von den gesamten Anschaffungskosten.

Anschaffungskosten:

	Nettoanschaffungskosten	85.950 Euro
–	Skontoinanspruchnahme	2.400 Euro
	Anschaffungskosten und Bemessungsgrundlage für die Abschreibung	83.550 Euro

20 Prozent degressive Abschreibung von 83.550 Euro für einen Zeitraum vom 01.07. bis 31.12.2006, also sechs Monate, ergeben einen Betrag von 8.355 Euro.
Die noch am 31.12.2006 vorzunehmende Buchung lautet demnach:

Abschreibungen auf Sachanlagen	8.355 Euro
an Maschinen und maschinelle Anlagen	8.355 Euro

z. B.

Unternehmer Daniel Düsentrieb erwarb am 1. Mai 2006 beim Autohändler Listig einen Lieferwagen mit einer Nutzungsdauer von voraussichtlich vier Jahren. Dabei gab er seinen alten Kombi (Buchwert zum 1. Mai 2006: 5.000 Euro) für 5.000 Euro zuzüglich 16 Prozent Umsatzsteuer in Zahlung. Im Zusammenhang mit dem Kauf hat Daniel Düsentrieb folgende Aufwendungen getätigt:

I.	Rechnung des Autohändlers über den Kaufpreis des Lieferwagens	25.000 Euro	
	abzgl. 10 Prozent Rabatt	2.500 Euro	22.500 Euro
	Kfz-Brief	50 Euro	
	Werkzeug, Warndreieck	100 Euro	
	Vorfracht Werk–Händlerlager	250 Euro	
	Tankrechnung April anteilig	300 Euro	700 Euro
	abzüglich Inzahlungnahme Kombiwagen		5.000 Euro
	Nettozahlbetrag		18.200 Euro
	plus 16 Prozent Umsatzsteuer		2.912 Euro
	zu zahlender Betrag brutto		21.112 Euro
II.	Autoradio inkl. 16 Prozent Umsatzsteuer		1.160 Euro
III.	Reklamebeschriftung inkl. 16 Prozent Umsatzsteuer		580 Euro
IV.	sonstige Auslagen von Daniel Düsentrieb im Zusammenhang mit dem Lieferwagenkauf:		

Zulassungsgebühren für den Lieferwagen/		30 Euro
Abmeldegebühr Kombi		15 Euro
Nummernschilder für den Lieferwagen inkl. 16 Prozent USt		58 Euro
Kfz-Steuern 01.05.2006 – 30.04.2007		1.200 Euro
Kfz-Haftpflichtversicherungsprämie	800 Euro	
abzgl. Erstattung Haftpflicht Kombi anteilig	200 Euro	600 Euro

Fragen:

1. Wie hoch sind die Anschaffungskosten des Lieferwagens?
2. Wie ist am Anschaffungstag zu buchen?
3. Wie ist an den Bilanzstichtagen 31.12.2006 und 31.12.2007 zu buchen, wenn die lineare Abschreibung gewählt wird und für das Jahr 2006 taggenau berechnet wird?

Ermittlung der Anschaffungskosten des Kfz

Die Anschaffungskosten setzen sich zusammen aus:

Anschaffungskosten
\+ Anschaffungsnebenkosten
– Anschaffungspreisminderungen

Die Anschaffungskosten des Lieferwagens betragen netto 22.500 Euro. Was aber zählt bei einem Lieferwagenkauf alles zu den Anschaffungsnebenkosten?
Zu den Anschaffungsnebenkosten bezüglich eines Kfz-Kaufs zählen insbesondere:

- Gebühren für den Kfz-Brief
- Werkzeugkosten und Kosten für das Warndreieck
- Frachtgebühren
- Autoradio
- Reklamebeschriftung (es kommt nur auf das Vorhandensein an, jedoch nicht darauf, ob es sinnvoll ist oder nicht)
- Zulassungsgebühren
- Nummernschilder

Nicht zu Anschaffungskosten, sondern zum laufenden (gewinnmindernden) Aufwand gehören:

- Tankrechnung
- Abmeldegebühr für das Vorfahrzeug
- Kfz-Steuer
- Kfz-Versicherung

Mit diesem Wissen ist es relativ einfach, die genaue Höhe der Anschaffungskosten zu ermitteln:

	Kaufpreis netto	22.500 Euro
+	Gebühren für den Kfz-Brief	50 Euro
+	Werkzeugkosten und Kosten für das Warndreieck	100 Euro
+	Frachtgebühren	250 Euro
+	Autoradio	1.000 Euro
+	Reklamebeschriftung	500 Euro
+	Zulassungsgebühren	30 Euro
+	Nummernschilder	50 Euro
=	gesamte Anschaffungskosten	24.480 Euro

Buchung am Anschaffungstag

Fuhrpark (Lieferwagen)	24.480 Euro
lfd. Kfz-Kosten	315 Euro*1
Kfz-Steuer	1.200 Euro
Kfz-Versicherungsbeiträge	600 Euro
Vorsteuer	3.960 Euro**
an Fuhrpark (Kombiwagen)	5.000 Euro
an Umsatzsteuer	800 Euro
an Verbindlichkeiten a. L.+L.	24.755 Euro

Buchungen am Bilanzstichtag 31.12.2006

Im Jahr 2006 gibt es am Bilanzstichtag insgesamt noch zwei Buchungen, die vorgenommen werden müssen:

a) Buchung der Abschreibung,
b) Umbuchung des Teils der Kfz-Steuer, die wirtschaftlich das Jahr 2006 betrifft.

a) Um eine Abschreibung zu buchen, muss sie zuvor ausgerechnet worden sein. Daniel Düsentrieb möchte im Jahr 2006 die lineare Abschreibung taggenau vornehmen. Das bedeutet, dass im Jahr 2006 die Jahresabschreibung anteilig für die Zeit vom 01.05.2006 bis zum 31.12.2006 vorzunehmen ist. Bei einer Nutzungsdauer von vier Jahren und Anschaffungskosten von 24.480 Euro kann jährlich eine Abschreibung in Höhe von 6.120 Euro vorgenommen werden. Für 2006 ergibt sich für eine Zeitspanne von acht Monaten, demzufolge eine Abschreibung in Höhe von exakt 4.080 Euro.

---

* Der Betrag beinhaltet die Abmeldegebühr für den Kombi (15 Euro) und die anteilige Tankrechnung (300 Euro).

** Der Vorsteuerbetrag setzt sich zusammen aus: 16 Prozent von 24.450 Euro umsatzsteuerpflichtige Anschaffungskosten, da die Zulassungsgebühren nicht mit Umsatzsteuer belastet sind, und 16 Prozent von 300 Euro für die Tankrechnung.

Abschreibungen auf Sachanlagen	4.080 Euro
an Fuhrpark	4.080 Euro

b) Von den insgesamt gezahlten 1.200 Euro Kfz-Steuern fallen in das Jahr 2006 8/12 (= 800 Euro) und in das Jahr 2007 4/12 (= 400 Euro). Würde nun der gesamte Betrag von 1.200 Euro bereits im Jahr 2006 gewinnmindernd berücksichtigt, fiele der Gewinn im Jahr 2006 um genau 400 Euro zu niedrig aus und im Jahr 2007 um 400 Euro zu hoch. Um diese Gewinnverschiebung zu vermeiden, müssen die Kosten, die wirtschaftlich gesehen das Jahr 2007 betreffen, aber bereits im Jahr 2006 bezahlt wurden, auch gewinnmäßig so behandelt werden, als ob sie erst am 01.01. des Folgejahres bezahlt worden wären. Dazu ist es notwendig, die entsprechende Buchung während des Jahres am Jahresende anteilig zu korrigieren. Dies geschieht, indem gebucht wird:

aktive Rechnungsabgrenzung	400 Euro
an Kfz-Steuer	400 Euro

Mit dieser Buchung wird der ursprünglich gebuchte Betrag von 1.200 Euro wieder um 400 Euro gekürzt und auf einem Bilanzkonto mit dem Namen »Aktive Rechnungsabgrenzung« zwischengeparkt, welches am 01.01.2007 wieder aufgelöst wird. Damit ist sichergestellt, dass sowohl im Jahr 2006 als auch im Jahr 2007 der Gewinn in der richtigen Höhe ausgewiesen wird.

Buchung am Bilanzstichtag 31.12.2007

Abschreibungen auf Sachanlagen	6.120 Euro
an Fuhrpark	6.120 Euro

z.B. Unternehmer Daniel Düsentrieb erwarb am 1. Dezember 2007 mit notariellem Vertrag vom Autohändler Listig ein Betriebsgrundstück. Als Gegenleistung wurde ein Kaufpreis von 320.000 Euro vereinbart. Nutzen und Lasten gingen mit der Unterzeichnung des Vertrages auf Daniel Düsentrieb über. Weiterhin hatte Daniel Düsentrieb folgende Nebenkosten zu tragen, die alle durch Banküberweisung beglichen wurden: 11.200 Euro Grunderwerbsteuer (3,5 Prozent von 320.000 Euro), 800 Gerichtskosten, 1.044 Euro für den Notar (einschließlich 144 Euro Umsatzsteuer) und 11.136 Euro Maklergebühr (einschließlich 1.536 Euro Umsatzsteuer).

Fragen:

1. Wie hoch sind die Anschaffungskosten des Grundstücks?
2. Wie ist der gesamte Vorgang buchhalterisch zu behandeln?

Anschaffungskosten des Grundstücks

Hier stellt sich die zentrale Frage, ob Grunderwerbsteuer, Gerichtskosten, Notargebühren und Maklerkosten Anschaffungsnebenkosten des eigentlichen Grundstückserwerbs darstellen. Bei solchen Überlegungen müssen Sie sich immer vor Augen halten, dass Anschaffungsnebenkosten diejenigen Kosten sind, die zusätzlich nur dann anfallen, wenn die eigentliche Hauptanschaffung getätigt wird. Alle diese oben genannten Kosten wären nicht entstanden, wenn Daniel Düsentrieb das Grundstück nicht erworben hätte. Insofern müssen sämtliche Nebenkosten als Anschaffungsnebenkosten mit aktiviert werden. Die Anschaffungskosten belaufen sich somit auf insgesamt:

	Grundstückskaufpreis	320.000 Euro
+	Grunderwerbsteuer	11.200 Euro
+	Gerichtskosten	800 Euro
+	Notarkosten netto	900 Euro
+	Maklergebühr netto	9.600 Euro
	gesamte Anschaffungskosten	342.500 Euro

Buchhalterische Erfassung des gesamten Vorgangs

Grundstücke	342 500
Vorsteuer	1 680
an Verbindlichkeiten a. L.+L.	344 180

Führung einer Anlagenbuchhaltung

Neben der eigentlichen Hauptbuchhaltung müssen Anlagegüter mit einer Nutzungsdauer von mehr als einem Jahr zusätzlich in einer so genannten Anlagenbuchhaltung als Nebenbuchhaltung erfasst werden. Der Anlagenbuchhaltung kommt dabei die Aufgabe zu, die in den Gruppenkonten der Geschäftsbuchhaltung ausgewiesenen bewerteten Bestände in allen wirtschaftlichen und technischen Einzelheiten nachzuweisen. In der Praxis wird die Anlagenbuchhaltung meist in Karteiform oder per EDV geführt. Für jedes Anlagegut müssen Sie eine separate Anlagenkarte anlegen, aus der folgende Informationen ersichtlich sind:

- genaue Bezeichnung, Hersteller, Lieferant, Platzierungsort im eigenen Unternehmen;
- Abmessungen und Gewicht der Anlage;
- die genaue Höhe der Anschaffungskosten und Berechnung der Abschreibungen;

- bestimmte Bewertungszahlen, zum Beispiel Bilanzwert, voraussichtlicher Wiederbeschaffungswert in späteren Jahren, Feuerversicherungswert;
- den Zeitpunkt der Anschaffung, vorgenommene Zuschreibungen und Umbuchungen;
- Zeitpunkt des Ausscheidens aus dem Unternehmen;
- vorgenommene Instandhaltungen;
- vorgenommene kalkulatorische Abschreibungen und kalkulatorische Zinsen.

Alle Informationen in der Anlagenbuchhaltung dienen als Ergänzung zur eigentlichen Hauptbuchhaltung. Die Informationen, die nicht sofort aus dem Anlagenkonto ersichtlich sind, können direkt auf dem Karteiblatt der entsprechenden Anlage in der Anlagenbuchhaltung nachgesehen werden.
Sämtliche Anlagen eines Unternehmens werden einmal jährlich in einem Anlagenspiegel zusammengestellt. Der Anlagenspiegel gibt Auskunft über:

- die jeweilige Bilanzposition,
- den Anfangsbestand,
- die Zugänge,
- die Abgänge,
- eventuell vorgenommene Umbuchungen,
- kumulierte Abschreibungen,
- Abschreibungen des laufenden Jahres,
- Zuschreibungen des laufenden Jahres sowie
- den Schlussbestand am Ende des Jahres.

Diese Angaben werden in der Praxis häufig in einer Tabelle erfasst, die folgendes Aussehen hat:

Anlagenspiegel zum 31.12.2006 der Firma Daniel Düsentrieb									
Bilanz-position	Anfangs-bestand	Zugänge		Abgänge	Umbu-chungen	kum. AfA	AfA lfd. Jahr	Zuschrei-bungen	Schluss-bestand

Buchhalterische Behandlung von Anlagenverkäufen unter und über Buchwert

In der Praxis ist es eher die Ausnahme, dass ein Anlagengut genau zu seinem Buchwert verkauft wird. Häufiger liegt der Fall vor, dass der Verkaufspreis und der Buchwert des Anlagegutes differieren. In diesem Fall müssen zwei Konstellationen unterschieden werden:

- der Verkaufspreis ist größer als der Buchwert
- der Verkaufspreis ist kleiner als der Buchwert

Unter dem Buchwert wird der Wert verstanden, der anzusetzen wäre, wenn zum Zeitpunkt des Verkaufs eine Bilanz aufzustellen wäre, das heißt, die anteilige Abschreibung für das Veräußerungsjahr muss vor dem Verkauf noch berechnet werden.
Der buchhalterisch einfachste Fall ist der Verkauf exakt zum Buchwert.

z.B.

Daniel Düsentrieb verkauft eine nicht mehr benötigte Produktionsmaschine zum Preis von 15.000 Euro zuzüglich 16 Prozent Umsatzsteuer. Der Buchwert zum Zeitpunkt des Ausscheidens beträgt ebenfalls 15.000 Euro. In diesem Fall sind der Nettoverkaufspreis und der Buchwert zum Zeitpunkt des Verkaufs identisch. Die Buchung lautet:

Forderungen a. L.+L.	17.400 Euro
an Erlöse aus Anlagenabgängen	15.000 Euro
an Umsatzsteuer	2.400 Euro

Am Jahresende müssen Sie noch folgende Buchung vornehmen:

Aufwand aus Anlagenabgängen	15.000 Euro
an Maschinen und maschinelle Anlagen	15.000 Euro

S	Forderungen		H
1)	17.400		

S	Erlöse		H
		1)	15.000

S	Maschinen		H
Buchwert	15.000	2)	15.000

S	Aufwand aus Anlagenabgang		H
2)	15.000		

Durch die zusätzliche Buchung am Jahresende gleichen Sie sowohl die Konten »Erlöse aus Anlagenabgängen« beziehungsweise »Aufwendungen auf Anlagenabgänge« als auch das Konto »Maschinen« aus.
Alternativ hätten Sie auch sofort buchen können:

Forderungen a. L.+L.	17.400 Euro
an Maschinen und maschinelle Anlagen	15.000 Euro
an Umsatzsteuer	2.400 Euro

Das hätte allerdings den Nachteil gehabt, dass Sie aufgrund Ihrer Umsatzerlöskonten keine periodisch wiederkehrende Umsatzsteuervoranmeldung für das Finanzamt hätten machen können, denn bei einem Abgleich der Umsatzsteuer in Höhe von 2.400 Euro hätten Sie kein entsprechendes Umsatzerlöskonto gefunden.

Etwas komplizierter wird es, wenn der Verkaufspreis über dem Buchwert liegt.

z.B.

Daniel Düsentrieb verkauft eine nicht mehr benötigte Produktionsmaschine zum Preis von 20.000 Euro zuzüglich 16 Prozent Umsatzsteuer. Der Buchwert zum Zeitpunkt des Ausscheidens beträgt 15.000 Euro. In diesem Fall sind der Nettoverkaufspreis und der Buchwert zum Zeitpunkt des Verkaufs nicht identisch. Die Differenz beträgt insgesamt 5.000 Euro netto. Die erste Buchung lautet genau wie im ersten Fall:

Forderungen a. L.+L.	23.200 Euro
an Erlöse aus Anlagenabgängen	20.000 Euro
an Umsatzsteuer	3.200 Euro

Die am Jahresende noch vorzunehmende Buchung ist die gleiche wie im ersten Fall:

Aufwand aus Anlagenabgängen	15.000 Euro
an Maschinen und maschinelle Anlagen	15.000 Euro

Da die Produktionsmaschine im Zeitpunkt des Ausscheidens einen Buchwert von 15.000 Euro aufweist, kann auch nur dieser Betrag zum Ausgleich des Kontos »Maschinen und maschinelle Anlagen« herangezogen werden. Der übersteigende Betrag in Höhe von 5.000 Euro stellt für Daniel Düsentrieb einen zusätzlichen Ertrag dar, den er über den Buchwert hinaus erzielt hat.

S	Forderungen		H
1)	23.200		

S	Erlöse		H
		1)	20.000

S	Umsatzsteuer		H
		1)	3.200

S	Maschinen		H
Buchwert	15.000	2)	15.000

S	Aufwand aus Anlagenabgang		H
2)	15.000		

Auch in diesem Fall steht das Maschinenkonto zum Jahresende auf Null. Das Konto »Erlöse« ist um 5.000 Euro höher als das Aufwandskonto »Aufwendungen aus Anlagenabgang«.

Der Verkaufspreis kann auch unter dem Buchwert liegen.

z.B.

Daniel Düsentrieb verkauft eine nicht mehr benötigte Produktionsmaschine zum Preis von 13.000 Euro zuzüglich 16 Prozent Umsatzsteuer. Der Buchwert zum Zeitpunkt des Ausscheidens beträgt 15.000 Euro. In diesem Fall sind der Nettoverkaufspreis und der Buchwert zum Zeitpunkt des Verkaufs ebenfalls nicht identisch. Die Differenz beträgt diesmal 2.000 Euro netto. Die erste Buchung lautet genau wie im ersten und zweiten Fall:

Forderungen a. L.+L.	15.080 Euro
an Erlöse aus Anlagenabgängen	13.000 Euro
an Umsatzsteuer	2.080 Euro

Die am Jahresende noch vorzunehmende Buchung lautet:

Aufwendungen aus Anlagenabgängen	15.000 Euro
(Unterkt.: Veräußerungsverluste)	
an Maschinen und maschinelle Anlagen	15.000 Euro

Auch hier erkennen Sie sicherlich sofort die Problematik. Durch den Verkauf der Produktionsmaschine muss ein Buchwert von 15.000 Euro auf dem Konto »Maschinen und maschinelle Einrichtungen« ausgeglichen werden. An Erlösen wurden aber nur 13.000 Euro erzielt, so dass die Differenz von 2.000 Euro einen Veräußerungsverlust darstellt.

S	Forderungen		H
1)	15.080		

S	Erlöse		H
		1)	13.000

S	Umsatzsteuer		H
		1)	2.080

S	Maschinen		H
Buchwert	15.000	2)	15.000

S	Aufwand aus Anlagenabgang		H
2)	15.000		

Der Veräußerung von Anlagegütern kommt die Entnahme für private Zwecke gleich. Der einzige Unterschied liegt in der buchhalterischen Erfassung. Wird bei einem Verkauf auf das Konto »Erlöse aus Anlagenabgängen« gebucht, so wird dieses Konto im Falle eines Eigenverbrauchs durch das Konto »Steuerpflichtiger Eigenverbrauch« ersetzt. Da keine Geldbewegung stattfindet, wird das Konto »Forderungen aus Lieferungen und Leistungen« durch das Konto »Privatentnahme« ersetzt. Aufgrund eines fehlenden Verkaufspreises erfolgt die Bewertung immer zu den Wiederbeschaffungswerten beim Einkauf.

z.B.

Daniel Düsentrieb entnimmt für private Zwecke aus seinem Unternehmen einen Bürostuhl. Der Buchwert im Zeitpunkt der Entnahme beträgt 200 Euro, der Wiederbeschaffungspreis 500 Euro netto.
Buchungstechnisch wird der gesamte Vorgang wie folgt abgewickelt:
Das Konto »Erlöse Anlagenabgänge« wird durch das Konto »Steuerpflichtiger Eigenverbrauch«, das Konto »Forderungen aus Lieferungen und Leistungen« durch »Privatentnahmen« ersetzt. Ansonsten bleibt alles unverändert gegenüber einem Anlagenabgang durch Verkauf über Buchwert.

Privatentnahmen	580 Euro
an steuerpfl. Eigenverbrauch	500 Euro
an Umsatzsteuer	80 Euro

Die am Jahresende noch vorzunehmende Buchung ist genau wie im Falle eines Verkaufs über Buchwert. Der zusätzliche »Gewinn« muss separat erfasst werden.

Aufwand aus Anlagenabgang	200 Euro
an Betriebs- und Geschäftsausstattung	200 Euro

Da der Bürostuhl im Zeitpunkt des Ausscheidens mit nur noch 200 Euro zu Buche steht, kann auch nur dieser Betrag zum Ausgleich des Kontos »Betriebs- und Geschäftsausstattung« ausgebucht werden.

S	Privatentnahme		H
1)	580		

S	steuerlicher Eigenverbrauch		H
		1)	500

S	Umsatzsteuer		H
		1)	80

S	B+G-Ausstattung		H
Buchwert	200	2)	200

S	Aufwand aus Anlagenabgang		H
2)	200		

Wie Sie sehen, erfolgt die zweite Buchung zu dem Zweck, das Konto »Betriebs- und Geschäftsausstattung« auszugleichen.

Bisher wurde in den Beispielen immer der Restbuchwert am Tage des Verkaufs/der Entnahme angegeben. Wie aber können Sie sich den Buchwert selber errechnen?

z.B.

Daniel Düsentrieb möchte die Maschine 1, die er im Januar 2002 für 15.000 Euro erworben hat, am 26. Mai 2006 zu einem Preis von 10.000 Euro verkaufen (Sie erinnern sich; das ist ein Beispiel aus dem Kapitel 12 »Abschreibungen – ein Problem?«; die Maschine wird linear auf eine Nutzungsdauer von zehn Jahren abgeschrieben). Zur Erinnerung hier nochmals der im oben erwähnten Abschnitt entwickelte Abschreibungsplan zur linearen Abschreibung.

Abschreibungsplan nach der linearen Methode	
	für Maschine 1
Kauf einer Maschine 1 in 2002	15.000
Abschreibung im Jahr 2002	1.500
Buchwert am 31.12.2002	13.500
Abschreibung im Jahr 2003	1.500
Buchwert am 31.12.2003	12.000
Abschreibung im Jahr 2004	1.500
Buchwert 31.12.2004	10.500
Abschreibung im Jahr 2005	1.500
Buchwert 31.12.2005	9.000
Abschreibung im Jahr 2006	1.500
Buchwert 31.12.2006	7.500

Im Jahr des Verkaufs muss, ausgehend von einem Buchwert von 9.000 Euro, noch eine zeitanteilige Abschreibung vorgenommen werden, denn Daniel Düsentrieb nutzt die Maschine vor dem Verkauf noch in der Zeit vom 01.01. bis zum 26.05. Hier stellt sich das Problem, ob genau bis zum Verkaufstag (= 26.05.) abgeschrieben werden muss oder vielleicht nur bis Monatsende (= 30.04. oder gar 31.05.). Egal wie Sie sich in Bezug auf die Abschreibung auch entscheiden, die Gewinnauswirkung für das Jahr 2006 bleibt immer die gleiche. Warum? Dazu folgende vergleichende Darstellung:

a) Abschreibung bis 30.04.2006:

Die Abschreibung beträgt im Jahr 2006 laut Abschreibungsplan für ein komplettes Jahr insgesamt 1.500 Euro. Demnach entfallen auf 4 Monate 1/3 von 1.500 Euro = 500 Euro. Somit beträgt der Buchwert am 30.04.2006

	Buchwert am 31.12.2006	9.000 Euro
–	anteilige Abschreibung bis 30.04.2006	500 Euro
	Buchwert am 30.04.2006	8.500 Euro

Die Maschine wird für netto 10.000 Euro an einen Erwerber veräußert. Demzufolge entsteht ein Veräußerungsgewinn von 1.500 Euro (10.000 Euro – 8.500 Euro). Die Buchungen lauten demnach:

Abschreibungen auf Maschinen	500 Euro
an Maschinen und maschinelle Anlagen	500 Euro

Forderungen a. L.+L.	11.600 Euro
an Erlöse aus Anlagenabgängen	10.000 Euro
an Umsatzsteuer	1.600 Euro

Am Jahresende muss noch die Umbuchung vorgenommen werden:

Aufwand aus Anlagenabgängen	8.500 Euro
an Maschinen und maschinelle Anlagen	8.500 Euro

S	Forderungen		H
2)	11.600		

S	Erlöse		H
		2)	10.000

S	Umsatzsteuer		H
		2)	1.600

S	Maschinen		H
Buchwert 31.12.05	9.000		500
		3)	8.500

S	Aufwand aus Anlagenabgang		H
3)	8.500		

S	Abschreibungen		H
1)	500		

Um die Gewinnauswirkung dieses Geschäftsvorfalls zu beurteilen, müssen nur die Erfolgskonten »Abschreibungen«, »Aufwendungen aus Anlagenabgang« und »Erlöse« über das Konto »Gewinn-und-Verlust-Rechnung« abgeschlossen werden.

S	Aufwand aus Anlagenabgang		H
3)	8.500	4)	8.500

S	Abschreibungen		H
1)	500	4)	500

S	Erlöse		H
4)	10.000	2)	10.000

S	Gewinn-und-Verlust-Konto		H
…		Erlöse	10.000
Aufwand aus Anlagenabgang	8.500		
Abschreibungen	500		
Gewinn	1.000		

b) Abschreibung bis 31.05.2006:

Wird bis zum 31.05.2006 abgeschrieben, so beträgt die anteilige Abschreibung im Veräußerungsjahr 5/12 von 1.500 Euro = 625 Euro.

	Buchwert am 31.12.2005	9.000 Euro
–	anteilige Abschreibung bis 31.05.2006	625 Euro
	Buchwert am 31.05.2006	8.375 Euro

Bei einem Verkaufspreis von 10.000 Euro entsteht folglich ein Veräußerungsgewinn von 1.625 Euro (10.000 Euro – 8.375 Euro). In diesem Fall lauten die Buchungen:

Abschreibungen auf Maschinen	625 Euro
an Maschinen und maschinelle Anlagen	625 Euro

Forderungen a. L.+L.	11.600 Euro
an Erlöse aus Anlagenabgängen	10.000 Euro
an Umsatzsteuer	1.600 Euro

Am Jahresende muss noch folgende Umbuchung vorgenommen werden:

Aufwand aus Anlagenabgängen	8.375 Euro
an Maschinen und maschinelle Anlagen	8.375 Euro

S	Forderungen		H
2)	11.600		

S	Erlöse		H
		2)	10.000

S	Umsatzsteuer		H
		2)	1.600

S	Maschinen		H
Buchwert 31.12.05	9.000		625
		3)	8.375

S	Aufwand aus Anlagenabgang		H
3)	8.375		

S	Abschreibungen		H
1)	625		

Auch hier werden wieder die Erfolgskonten »Abschreibungen«, »Aufwendungen aus Anlagenabgang« und »Erlöse« über das Konto »Gewinn-und-Verlust-Rechnung« abgeschlossen.

S	Aufwand aus Anlagenabgang		H
3)	8.375	4)	8.375

S	Abschreibungen		H
1)	625	4)	625

S	Erlöse		H
4)	10.000	2)	10.000

S	Gewinn-und-Verlust-Konto		H
…		Erlöse	10.000
Aufwand aus Anlagenabgang	8.375		
Abschreibungen	625		
Gewinn	1.000		

c) Abschreibung bis 26.05.2006:

Vergleichend wollen wir nun noch die Abschreibung taggenau berechnen. Unterstellt man, dass das Jahr 2006 insgesamt 365 Tage hat, entfallen davon auf die Zeit vom 01.01. bis zum 26.05. insgesamt 146 Tage. Auf diese Zeit entfällt eine Abschreibung von 146/365 von 1.500 Euro = 600 Euro. Am Verkaufstag weist die Maschine damit einen taggenauen Buchwert von 8.400 Euro auf.

	Buchwert am 31.12.2005	9.000 Euro
–	anteilige Abschreibung bis 26.05.2006	600 Euro
	Buchwert am 26.05.2006	8.400 Euro

Die Maschine wird für netto 10.000 Euro an einen Erwerber veräußert. Demzufolge entsteht ein Veräußerungsgewinn von 1.600 Euro (10.000 Euro – 8.400 Euro).

Abschreibungen auf Maschinen	600 Euro
an Maschinen und maschinelle Anlagen	600 Euro

Forderungen a. L.+L.	11.600 Euro
an Erlöse aus Anlagenabgängen	10.000 Euro
an Umsatzsteuer	1.600 Euro

Am Jahresende muss noch die Umbuchung vorgenommen werden

Aufwand aus Anlagenabgängen	8.400 Euro
an Maschinen und maschinelle Anlagen	8.400 Euro

S Forderungen H

S		H	
2)	11.600		

S Erlöse H

S		H	
		2)	10.000

S	Umsatzsteuer		H
		2)	1.600

S	Maschinen		H
Buchwert 31.12.05	9.000		600
		3)	8.400

S	Aufwand aus Anlagenabgang		H
3)	8.400		

S	Abschreibungen		H
1)	600		

Die Gegenüberstellung von »Abschreibungen«, »Aufwand aus Anlagenabgang« und »Erlöse« ergibt wieder dasselbe Bild:

S	Aufwand aus Anlagenabgang		H
3)	8.400	4)	8.400

S	Abschreibungen		H
1)	600	4)	600

S	Erlöse		H
4)	10.000	2)	10.000

S	Gewinn und Verlust Konto		H
…		Erlöse	10.000
Aufwand aus Anlagenabgang	8.400		
Abschreibungen	600		
Gewinn	1.000		

Sie sehen, dass sich unabhängig von der Abschreibungswahl immer derselbe Gewinn ergibt. Wie aber kommt das? Ausgehend von einem gleichbleibenden Buchwert zu Beginn des Jahres in Höhe von 9.000 Euro wird, je nach Laufzeitlänge, eine unterschiedlich hohe Abschreibung berechnet, die den Buchwert entsprechend vermindert. Da aber der Verkaufspreis in allen drei Varianten stets 10.000 Euro beträgt, erhöht sich der sonstige betriebliche Ertrag in dem Maße, in dem der Buchwert durch eine entsprechend hohe Abschreibung vermindert wird.

Tipp Im Jahr des Verkaufs müssen noch bis zum Verkaufstag anteilige Abschreibungsbeträge berücksichtigt werden. Üblich ist es, die Abschreibung bis zum vollen vorhergehenden Monat zu berechnen.

Geringwertige Wirtschaftsgüter

Die Anschaffungs- oder Herstellungskosten von bestimmten beweglichen abnutzbaren Wirtschaftsgütern des Anlagevermögens, die einer selbstständigen Nutzung fähig sind, können im Wirtschaftsjahr der Anschaffung oder Herstellung in voller Höhe als Betriebsausgaben gewinnmindernd abgesetzt werden, wenn die Anschaffungs- oder Herstellungskosten, vermindert um einen darin enthaltenen Vorsteuerabzug, für das einzelne Wirtschaftsgut den Betrag von 410 Euro nicht übersteigen. Ein Wirtschaftsgut ist einer selbstständigen Nutzung nicht fähig, wenn es nach seiner betrieblichen Zweckbestimmung nur zusammen mit anderen Wirtschaftsgütern des Anlagevermögens genutzt werden kann und die in den Nutzungszusammenhang eingefügten Wirtschaftsgüter technisch aufeinander abgestimmt sind.
Voraussetzung für den vollen Abzug im Jahr der Anschaffung oder Herstellung ist außerdem, dass entweder für diese Wirtschaftsgüter ein besonderes Verzeichnis neben der eigentlichen Buchhaltung geführt wird, aus dem der Tag der Anschaffung oder Herstellung sowie die Anschaffungs- oder Herstellungskosten ersichtlich sind, oder dass sich diese Angaben alternativ aus der Buchführung ergeben, indem Sie zum Beispiel ein separates Konto mit dem Namen »Geringwertige Wirtschaftsgüter« anlegen. Für Wirtschaftsgüter, deren Anschaffungs- oder Herstellungskosten, vermindert um einen darin enthaltenen

Vorsteuerabzug, nicht mehr als 60 Euro betragen haben, sind diese separaten Angaben entbehrlich.
Die Frage, ob ein Wirtschaftsgut des Anlagevermögens selbstständig nutzungsfähig ist, stellt sich regelmäßig für solche Wirtschaftsgüter, die in einem Betrieb zusammen mit anderen Wirtschaftsgütern genutzt werden. Für die Beantwortung dieser Frage ist maßgeblich auf die betriebliche Zweckbestimmung des jeweiligen Wirtschaftsgutes abzustimmen.
Möchten Sie die »Bewertungsvereinfachung« der geringwertigen Wirtschaftsgüter in Anspruch nehmen, sollten Sie unbedingt darauf achten, dass Sie diese im Jahr der Anschaffung oder Herstellung in voller Höhe geltend machen. Es ist nämlich nicht möglich, nur einen Teil der Aufwendungen im Anschaffungs- oder Herstellungsjahr abzusetzen und den Restbetrag auf die betriebsgewöhnliche Nutzungsdauer zu verteilen.

z.B. Sie kaufen sich einen neuen Bürostuhl für Ihr betriebliches Büro im Gesamtwert von 487,20 Euro inklusive 16 Prozent Umsatzsteuer. Die Bezahlung erfolgt bar mit 3 Prozent Skontoabzug. Die Anschaffungskosten des beweglichen und abnutzbaren Wirtschaftsgutes liegen unter Außerachtlassung der 16-prozentigen Umsatzsteuer unter 410 Euro.
Berechnung:

	Anschaffungskosten brutto	487,20 Euro
–	3 Prozent Skonto (= Anschaffungspreisminderung)	14,62 Euro
	endgültige Anschaffungskosten brutto	472,58 Euro
	darin enthaltene 16-prozentige USt	65,18 Euro
	Anschaffungskosten netto	407,40 Euro

Buchung bei Anschaffung:

geringwertiges Wirtschaftsgut	407,40 Euro
Vorsteuer	65,18 Euro
an Bank	472,58 Euro

Buchung am Jahresende:

Abschreibung auf geringwertige Wirtschaftsgüter	407,40 Euro
an geringwertige Wirtschaftsgüter	407,40 Euro

Checkliste für selbstständig nutzungsfähige Wirtschaftsgüter

- ❑ Bestecke in Gaststätten, Hotels und Kantinen
- ❑ Computersoftware, wenn es sich um Standard-Anwendersoftware mit Anschaffungskosten von nicht mehr als 410 Euro oder um Trivialprogramme handelt
- ❑ Einrichtungsgegenstände von Läden, Werkstätten, Büros, Hotels, Gaststätten (auch als Erstausstattung und in einem einheitlichen Stil)
- ❑ Fässer/Flaschen
- ❑ Fernsehgeräte, die an Hotelbetriebe als Zimmerausstattung vermietet werden
- ❑ Frisierstuhl
- ❑ Grundausstattung einer Kfz-Werkstatt mit Spezialwerkzeugen
- ❑ Instrumentarium eines Arztes, auch als Grundausstattung
- ❑ Kisten
- ❑ Möbel in Hotels und Gaststätten, auch als Erstausstattung
- ❑ Müllbehälter eines Müllabfuhrunternehmens, auch Systemmüllbehälter
- ❑ Musterbücher und -kollektionen im Tapeten- und Buchhandel
- ❑ Paletten zum Transport und zur Lagerung von Waren
- ❑ Schallplatten
- ❑ Schreibtischelemente
- ❑ Schriftenminima in einem Druckereibetrieb
- ❑ Spinnkannen einer Spinnerei

- ❑ Straßenleuchten
- ❑ Tonbandkassetten
- ❑ Transportkästen (sofern einheitlich beschafft und genormt)
- ❑ Wäsche in Hotels
- ❑ Zähler (Wasser, Gas- und Elektrizitätszähler) eines Versorgungsunternehmens

Checkliste für nicht selbstständig nutzungsfähige Wirtschaftsgüter

- ❑ Beleuchtungsanlage als Lichtband zur Beleuchtung in Fabrikräumen und Werkhallen
- ❑ Bestuhlung in Kinos und Theatern
- ❑ Bohrer in Verbindung mit Werkzeugmaschinen
- ❑ Computerzubehör (Rechner, Drucker, Maus, Tastatur, Bildschirm)
- ❑ Drehbank mit als Antrieb eingebautem Elektromotor
- ❑ Elektromotor zum Einzelantrieb einer Maschine, einer Drehbank oder eines Webstuhls
- ❑ Ersatzteile für Maschinen und so weiter
- ❑ Fräser in Verbindung mit Werkzeugmaschinen
- ❑ Gerüst- und Schalungsteile sowie Schalungstafeln, die genormt und technisch aufeinander abgestimmt sind
- ❑ Hausanschlüsse der Versorgungsunternehmen
- ❑ Leuchtstoffröhren, die in Lichtbändern zu einer Beleuchtungsanlage für die Beleuchtung eines ganzen Fabrikraums verbunden sind
- ❑ Lichtbänder zur Ausleuchtung der einzelnen Stockwerke eines Warenhauses
- ❑ Maschinenwerkzeuge und -verschleißteile
- ❑ Regalteile
- ❑ Sägeblätter in Diamantsägen und -gattern
- ❑ Stanzwerkzeuge in Verbindung mit Werkzeugmaschinen

16.

Darlehensaufnahme

Nicht immer ist es möglich, alle benötigten und erforderlichen Investitionen durch Eigenkapital zu finanzieren. Häufig wird es sogar günstiger sein, für eine langfristige Investition Fremdkapital aufzunehmen, um das Eigenkapital für kurzfristig benötigte Liquiditätsreserven zu »schonen«. Speziell bei der Aufnahme von Darlehen ist es in der Praxis üblich, dass Sie als Darlehensnehmer nicht den gesamten Darlehensbetrag ausbezahlt bekommen, sondern einen geringeren. Mit der Einbehaltung eines Differenzbetrages »erkaufen« Sie sich während der vertraglich vereinbarten Darlehenslaufzeit einen günstigeren Darlehenszins.
Diese Differenz zwischen dem ausgezahlten und dem aufgenommenen Darlehensbetrag bezeichnet man auch als Disagio, Damnum oder Darlehensabgeld. Das Disagio kann als eine neben der laufenden Verzinsung geleistete zusätzliche Vergütung für die Kapitalnutzung (zusätzliche Verzinsung), aber auch als Entgelt für die Bearbeitung beziehungsweise Abwicklung des Kredits (zum Beispiel die der Kredit gebenden Bank erwachsenen Geldbeschaffungskosten) angesehen werden. Dadurch, dass sich die Verzinsung während der Laufzeit vermindert, wird das Disagio buchhalterisch einheitlich als »zinsähnlicher Aufwand« behandelt.

z.B. Sie benötigen zur Finanzierung Ihrer neu gekauften Maschine insgesamt 15.000 Euro. Ihre Hausbank bietet Ihnen ein Darlehen zu folgenden Konditionen an:

Darlehenssumme	16.000 Euro
Auszahlungsbetrag	14.800 Euro
Bearbeitungsgebühren der Bank	900 Euro
Provisionszahlung für die Vermittlung	500 Euro
Darlehenstilgung am Ende der Laufzeit	16.000 Euro
Laufzeit des Darlehens	5 Jahre
Zinssatz p.a.	3,5 Prozent
Zinszahlung jährlich am Ende des Jahres	
Auszahlung am	01.05.2007

Bei der buchhalterischen Erfassung des gesamten Vorgangs werden Sie auf verschiedene Schwierigkeiten stoßen:

- Mit welchem Wert erscheint das Darlehen in der Bilanz (mit 14.800 oder mit 16.000 Euro)?
- Wie wird das Disagio in Höhe von 1.200 Euro behandelt?
- Mindern die Bearbeitungsgebühren und die Provisionszahlung sofort den Gewinn?

Mit welchem Wert muss das Darlehen in der Bilanz ausgewiesen werden?

Genau wie Vermögensgegenstände mit ihren Anschaffungskosten bilanziert werden, müssen auch Verbindlichkeiten und Darlehen mit ihrem Rückzahlungsbetrag passiviert werden. In die Bilanz muss also der Betrag eingestellt werden, der insgesamt zurückzuzahlen ist (= 16.000 Euro).
Buchungssatz im Falle einer Darlehensauszahlung von 16.000 Euro:

Bank	16.000 Euro
an Darlehen	16.000 Euro

Wie aus dem Beispiel aber hervorgeht, werden nur 14.800 Euro ausgezahlt, so dass auf dem Bankkonto nur eine Zugang von 14.800 Euro gebucht werden kann.

Bank	14.800 Euro
???	1.200 Euro
an Darlehen	16.000 Euro

Die drei Fragezeichen deuten die buchhalterische Behandlung des Disagios an.

Die buchhalterische Behandlung des Disagios

Das Disagio stellt die Differenz zwischen dem Auszahlungsbetrag von 14.800 Euro und der Darlehenssumme von 16.000 Euro dar. Die Gesamtlaufzeit des Darlehens beträgt fünf Jahre. Um die buchhalterische Erfassung des Disagios zu verstehen, vorab noch einige kurze Vorbemerkungen: Wie eingangs bereits erwähnt, »erkaufen« Sie sich mit dem Disagio einen günstigeren Darlehenszins während der vertraglich vereinbarten Darlehenslaufzeit von fünf Jahren. Ohne das Abgeld (= Disagio) hätte der Zinssatz vielleicht bei 5,5 Prozent pro anno gelegen. Aus diesem Grund wird das Disagio auch als eine Art »Zinsersatz« angesehen und muss buchhalterisch auch so behandelt werden.

Die Besonderheit beim Disagio liegt allerdings darin, dass der Zinsersatzbetrag von 1.200 Euro bereits in voller Höhe im Jahr der Darlehensaufnahme geleistet wird, obwohl sich der Vorteil des niedrigeren Zinssatzes auf die gesamten fünf Jahre Darlehenslaufzeit bezieht. Buchhalterisch muss demzufolge der Einmalbetrag von 1.200 Euro »portionsweise« auf die einzelnen Jahre der Darlehenslaufzeit verteilt werden und darf nicht bereits im Jahr der Darlehensaufnahme den Gewinn in voller Höhe mindern. In der Fachsprache handelt es sich um eine Ausgabe für eine bestimmte Zeit (Laufzeit genau fünf Jahre seit der Darlehensaufnahme) nach dem Bilanzstichtag.

Dazu bestimmt der Paragraf 250 Absatz 1 HGB, dass Ausgaben vor dem Abschlussstichtag, soweit sie Aufwand für eine bestimmte Zeit nach dem Abschlussstichtag darstellen, als Rechnungsabgrenzungsposten auf der Aktivseite der Bilanz auszuweisen sind. Mit anderen Worten: die Teile der 1.200 Euro, die laufzeitmäßig nicht das Jahr 2007 berühren, dürfen den Gewinn im Jahr 2007 nicht mindern.

Das Disagio von 1.200 Euro bezieht sich auf eine Laufzeit von 60 Monaten (5 Jahre × 12 Monate). Von diesen 60 Monaten entfallen auf das Jahr 2007 insgesamt 8 Monate (01.05. bis 31.12.). Demzufolge dürfen auch nur 160 Euro (1.200 Euro ÷ 60 Monate × 8 Monate) von

den gesamten 1.200 Euro den Gewinn bereits im Jahr 2007 mindern. Der Restbetrag in Höhe von 1.040 Euro muss als Aktivposten in der Bilanz unter den Rechnungsabgrenzungsposten ausgewiesen werden. Dabei stellen die Rechnungsabgrenzungsposten ein »Sammelbecken« für Beträge dar, die erst in den Folgejahren zu Gewinnminderungen führen.
Der gesamte Disagiobetrag von 1.200 Euro teilt sich für das Jahr 2007 in:

Zinsaufwand	160 Euro
aktive Rechnungsabgrenzungsposten	1.040 Euro

An die unvollständige Buchung unter Punkt 1 anknüpfend, muss die komplette Buchung lauten:

Bank	14.800 Euro
Zinsaufwand	160 Euro
aktive Rechnungsabgrenzungsposten	1.040 Euro
an Darlehen	16.000 Euro

Der aktive Rechnungsabgrenzungsposten wird Jahr für Jahr entsprechend der vergangenen Darlehenslaufzeit aufgelöst. Die entsprechende Buchung im Jahr 2007 lautet demnach:

Zinsaufwand	240 Euro
an aktive Rechnungsabgrenzungsposten	240 Euro

Der Betrag von 240 Euro ergibt sich aus 1.200 Euro ÷ 60 Monate × 12 Monate für 2007.

Bearbeitungsgebühren und Provisionszahlung

Sind nicht alle Kostenelemente mit dem einheitlichen Disagio abgegolten, sondern hat vielmehr der Darlehensnehmer (also Sie) Verwaltungs- und/oder Bearbeitungsgebühren bei Darlehensaufnahme separat an die Kredit gebende Bank zu zahlen, sind auch diese Beträge abzugrenzen und auf die Laufzeit des Darlehens zu verteilen. Dagegen sind Provisionszahlungen, die Sie an einen Dritten für die Vermittlung entrichten, sofort abzugsfähige Betriebsausgaben.

Bank	13.400 Euro
Zinsaufwand	780 Euro*
aktive Rechnungsabgrenzungsposten	1.820 Euro**
an Darlehen	16.000 Euro

Zinszahlung am Ende des Jahres 2007

Zinsaufwand	373 Euro
an Bank	373 Euro

Das zuvor zur Verteilung des Disagiobetrages Gesagte hat allerdings nur Gültigkeit, wenn es sich um ein Fälligkeitsdarlehen handelt (das heißt, die Darlehensschuld wird am Ende der Laufzeit in einer Summe getilgt). Im Falle eines Tilgungsdarlehens (das heißt, das Darlehen wird während der Laufzeit bereits getilgt) muss die Verteilung entsprechend der jeweils tatsächlichen Inanspruchnahme des Darlehens (also degressiv wie der Zinsaufwand) erfolgen. Degressiv heißt in diesem Zusammenhang nach der Zinsstaffelmethode.

* Der Zinsaufwand setzt sich zusammen aus 160 Euro anteiligem Disagio und 120 Euro anteiliger Bearbeitungsgebühr jeweils für 8 Monate sowie der gesamten Provisionszahlung in Höhe von 500 Euro.

** Der aktive Rechnungsabgrenzungsposten beinhaltet 1.040 Euro Disagio und 780 Euro Bearbeitungsgebühr, die jeweils in den Folgejahren entsprechend der Vertragslaufzeit gewinnmindernd aufgelöst werden.

z.B.

Darlehenssumme	16.000 Euro
Auszahlungsbetrag	14.800 Euro
Bearbeitungsgebühren der Bank	900 Euro
Provisionszahlung für die Vermittlung	500 Euro
Darlehenstilgung in fünf gleich hohen jährlichen Raten zu je	3.200 Euro
Laufzeit des Darlehens	5 Jahre
Zinssatz p.a.	3,5 Prozent
Zinszahlung jährlich am Ende des Jahres	
Auszahlung am	01.05.2007

Berechnung der jährlichen Verteilung des Disagiobetrages:

$$\frac{(1+5)\times 5}{2} = 15$$

5/15 von 1.200 Auflösung im ersten Jahr:	400 Euro
4/15 von 1.200 Auflösung im zweiten Jahr:	320 Euro
3/15 von 1.200 Auflösung im dritten Jahr:	240 Euro
2/15 von 1.200 Auflösung im vierten Jahr:	160 Euro
1/15 von 1.200 Auflösung im fünften Jahr:	80 Euro

Zu beachten ist, dass auch im Falle eines Tilgungsdarlehens die Auflösung im ersten Jahr nur anteilig für acht Monate (01.05. bis 31.12.2007) erfolgen darf.
Im Jahr 2007 wird gebucht:

Zinsaufwand	267 Euro
an aktiven Rechnungsabgrenzungsposten	267 Euro

Der restliche Betrag in Höhe von 133 Euro aus dem ersten Jahr wird erst im Jahr 2008 zusammen mit 8/12 des Betrages von 320 Euro aufgelöst.
Im Jahr 2008 wird gebucht:

Zinsaufwand	346 Euro
an aktiven Rechnungsabgrenzungsposten	346 Euro

In der Praxis kommt es häufig vor, dass ein Darlehen vorzeitig zurückgezahlt wird. In diesem Fall ist das nicht verbrauchte Disagio komplett in dem Jahr der vollständigen Rückzahlung gewinnmindernd auszubuchen. Wird ein Darlehen während seiner ursprünglich festgelegten Laufzeit verkürzt, muss auch das restliche Disagio der neuen Laufzeit entsprechend angepasst werden. Im Falle einer Verlängerung des Darlehens ist eine Neuverteilung dagegen nicht vorzunehmen. Ist der Zinsfestschreibungszeitraum kürzer als die gesamte Darlehenslaufzeit, so ist diese für die anteilige Verteilung des Disagiobetrages maßgebend.

Neben dem Darlehensabgeld taucht in der Praxis häufig auch der Begriff »Darlehensaufgeld« (Agio) auf. Ist vertraglich vorgesehen, dass bei Endfälligkeit an die Bank ein Darlehensaufgeld zu entrichten ist, dann ist dieser Mehrbetrag kein gewinnmindernder Aufwand im Jahr der tatsächlichen Zahlung, sondern anteilig Aufwand sämtlicher Wirtschaftsjahre der Darlehenslaufzeit.

z.B.

Darlehenssumme	16.000 Euro
Auszahlungsbetrag	16.000 Euro
Darlehensaufgeld am Ende der Laufzeit	2.000 Euro
Provisionszahlung für die Vermittlung	500 Euro
Darlehenstilgung am Ende der Laufzeit	16.000 Euro
Laufzeit des Darlehens	5 Jahre
Zinssatz p.a.	3,5 Prozent
Zinszahlung jährlich am Ende des Jahres	
Auszahlung am	01.05.2007

Die entsprechenden Buchungssätze lauten in diesem Fall:

Bank	15.500 Euro
Zinsaufwand	500 Euro
aktive Rechnungsabgrenzungsposten	2.000 Euro
an Darlehen	18.000 Euro

Der aktive Rechnungsabgrenzungsposten wird Jahr für Jahr entsprechend der vergangenen Darlehenslaufzeit aufgelöst. Die entsprechende Buchung im Jahr 2007 lautet demnach:

Zinsaufwand	267 Euro
an aktive Rechnungsabgrenzungsposten	267 Euro

Der Betrag von 267 Euro ergibt sich aus 2.000 Euro ÷ 60 Monate × 8 Monate (für die Zeit 01.05. bis 31.12.).

Zusammenstellung eines Tilgungsplanes mit gleichzeitiger Berechnung des Zinsaufwands und der Auflösung des Aufgeldes (Agio)					
Darlehensschuld am	Euro	Tilgung Euro	Zinszahlung Euro	Restschuld 31.12.	Auflösung Agio (Euro)
01.05.2007	16.000	0	373	16.000	267
01.01.2008	16.000	0	560	16.000	400
01.01.2009	16.000	0	560	16.000	400
01.01.2010	16.000	0	560	16.000	400
01.01.2011	16.000	0	560	16.000	400
01.01.2012	16.000	16.000	187	0	133

Die Zinszahlung am 31.12.2007 beträgt 373 Euro (3,5 Prozent von 16.000 Euro für die Zeit vom 01.05. bis 31.12.2007). In den Jahren 2008 bis 2011 werden jeweils am Jahresende 560 Euro (3,5 Prozent von 16.000 Euro für ein Jahr) an Zinsen entrichtet. Im Jahr 2011 fallen Zinsen zu 3,5 Prozent für die Zeit vom 01.01. bis 30.04. in Höhe von 187 Euro an.

Die Auflösung des Disagios in den einzelnen Jahren:

2007:	2.000 Euro ÷ 60 Monate × 8 Monate (für die Zeit 01.05.–31.12.)
2008–2011:	2.000 Euro ÷ 60 Monate × 12 Monate (für die Zeit 01.01.–31.12.)
2012:	2.000 Euro ÷ 60 Monate × 4 Monate (für die Zeit 01.01.–30.04.)

17.

Steuern

Steuern sind nicht gleich Steuern. In der Buchhaltung wird jede Steuerart unterschiedlich gebucht und übt damit unterschiedlichen Einfluss auf den Gewinn aus. In der Praxis hat sich folgende Klassifizierung durchgesetzt:

1. Steuern als Anschaffungsnebenkosten
2. Gewinnmindernde Steuern
3. Steuern, die natürliche oder juristische Personen betreffen
4. Steuern als »durchlaufender Posten«

Steuern als Anschaffungsnebenkosten

Sie erinnern sich sicher: Im Abschnitt »Kauf und Verkauf von Anlagegütern« war die Rede von aktivierungspflichtigen Anschaffungskosten, Anschaffungsnebenkosten und Anschaffungspreisminderungen. Zu den Anschaffungsnebenkosten zählen zum Beispiel auch die Grunderwerbsteuer bei einem Grundstückskauf, Zölle sowie nicht abzugsfähige Vorsteuerbeträge bei Anschaffungen von Anlagegütern. Wie bereits erläutert, zählen die Anschaffungsnebenkosten auch zu den Anschaffungskosten und müssen aktiviert werden. Anschließend erfolgt eine Abschreibung über die betriebsgewöhnliche Nutzungsdauer.

Gewinnmindernde Steuern

Unter den Sammelbegriff »Gewinnmindernde Steuern« fallen sämtliche Aufwandssteuern. Aufwandssteuern mindern in voller Höhe im Jahr der Zahlung den steuerlichen Gewinn. Zu den bekanntesten Aufwandssteuern zählen

- Gewerbesteuer,
- Grundsteuer und
- Kfz-Steuer.

Grundsteuer ist nur dann zu entrichten, wenn Sie Grundbesitz haben. Eine Kfz-Steuer wird Ihnen auferlegt im Falle des Unterhaltens eines Kraftfahrzeuges. Nicht so geläufig ist die Gewerbesteuer. Dies ist eine Steuerart, die der Gemeinde zusteht und von Ort zu Ort unterschiedlich hoch ausfällt. Die Gewerbesteuer knüpft an den Gewerbeertrag an, der nach bestimmten im Gewerbesteuergesetz festgelegten Kriterien berechnet wird.

Steuern, die natürliche oder juristische Personen betreffen

Neben Einzelunternehmen und Personengesellschaften (= natürliche Personen) gibt es noch Kapitalgesellschaften. Kapitalgesellschaften stehen in ihrer Eigenschaft als juristische Personen hinsichtlich der Rechte und Pflichten den natürlichen Personen gleich. Steuern, die natürliche oder juristische Personen betreffen, sind zum Beispiel:

- Einkommensteuer,
- Kirchensteuer,
- Solidaritätszuschlag oder
- Körperschaftsteuer.

Allen vier Steuerarten ist gemein, dass sie aus dem erwirtschafteten Gewinn gezahlt werden, ohne selbst als Aufwand gewinnmindernd berücksichtigt zu werden. Die Körperschaftsteuer stellt die Einkommensteuer der juristischen Personen (Gesellschaft mit beschränkter Haftung = GmbH oder Aktiengesellschaft = AG) dar.
Sollten Steuern, die natürliche oder juristische Personen betreffen, aus dem Unternehmensvermögen gezahlt werden, so stellen sie nicht abzugsfähige Betriebsausgaben dar, da sie den Gewinn nicht mindern dürfen.

Steuern als »durchlaufender Posten«

Als letzte Rubrik innerhalb der Steuereinteilung gibt es die Durchlaufsteuern. Durchlaufsteuern sind erfolgsunwirksam (haben also keinerlei Auswirkungen auf den Gewinn) und stellen für das Unternehmen einen durchlaufenden Posten insofern dar, als sie auf der einen Seite einbehalten und auf der anderen Seite ausgegeben werden. Die bekanntesten Beispiele für »durchlaufende Posten« sind die Umsatzsteuer sowie die Lohnsteuer vom Gehalt oder Lohn des Arbeitnehmers.

Wie bereits im Kapitel 9 »Das Problem der Umsatzsteuer sicher im Griff« erläutert, erhalten Sie von Ihren Kunden zusätzlich zu Ihrem Verkaufspreis 16 Prozent Umsatzsteuer, die Sie an das Finanzamt weiterleiten. Ähnlich verhält es sich mit der Lohnsteuer. Sie vereinbaren mit Ihrem Mitarbeiter ein Bruttogehalt, zahlen ihm aber nur ein geringeres Nettogehalt (nach Abzug der Lohn- und Kirchensteuer, des Solidaritätszuschlages und der Sozialversicherungsbeiträge) aus. Die Lohnsteuer, die Sie dem Arbeitnehmer vor der Lohnauszahlung einbehalten, müssen Sie Ende des Monats an das Finanzamt abführen.

18.

Erste Abschlussversuche in der Hauptabschlussübersicht

Zum Ende eines Geschäftsjahres muss jeder Unternehmer einen Jahresabschluss durchführen. Er fasst die Geschehnisse während des ganzen Geschäftsjahres zu einem aussagefähigen Ganzen zusammen. Damit nichts vergessen wird, ist es in der Praxis üblich, vor dem eigentlichen Jahresabschluss eine Hauptabschlussübersicht aufzustellen. Der Hauptabschlussübersicht kommt dabei insbesondere die Bedeutung zu, die Entwicklung sämtlicher Bestands- und Erfolgskonten in einer zusammenfassenden Übersicht widerzuspiegeln und dabei den Betriebsablauf des Geschäftsjahres erkennbar zu machen.

Speziell Anfängern in der Buchhaltung empfehle ich, vor dem Jahresabschluss eine Hauptabschlussübersicht aufzustellen. Diese fungiert nicht nur als Jahresabschlussvorbereitung, sondern dient auch als Informationsquelle in Form einer zusammenfassenden, übersichtlichen und komprimierten Darstellung. Außerdem kann das gesamte Rechenwerk der Buchführung durch eine vor den Abschlussarbeiten aufgestellte Hauptabschlussübersicht auf Richtigkeit überprüft werden. Die Hauptabschlussübersicht ist auch der wichtigste Informationslieferant für beim endgültigen Jahresabschluss vorzunehmende Bilanzierungs- und Bewertungswahlrechte.

Der Aufbau einer Hauptabschlussübersicht besteht in der Regel aus neun Spalten. Sie beginnt links in der ersten Spalte mit der Kontenbezeichnung und in der zweiten Spalte mit den Eröffnungsbeständen zu Beginn des Geschäftsjahres, getrennt nach Aktiva und Passiva (= Eröffnungsbilanz). In der dritten Spalte werden alle »Jahresverkehrszahlen« eingetragen, also hier wird betragsmäßig das festgehalten, was während des Geschäftsjahres auf den einzelnen Konten im Soll und Haben gebucht worden ist (= Summenzugänge).

Die Summe aus Eröffnungsbilanz und Summenzugänge bildet die Spalte Summenbilanz (vierte Spalte), die anschließend saldiert wird und in die Saldenbilanz I (= fünfte Spalte) mündet. In der sechsten Spalte werden noch verschiedene Umbuchungen vorgenommen (auf die wir später noch näher eingehen), bevor diese zusammen mit dem Saldo aus der Saldenbilanz I in der Saldenbilanz II betragsmäßig aufaddiert werden (siebte Spalte). In einem weiteren Schritt wird die Saldenbilanz II nach vorheriger Abstimmung der Buchbestände mit

den durch Inventur ermittelten Werten in eine Hauptabschlussbilanz (achte Spalte) und eine Gewinn-und-Verlust-Rechnung (neunte Spalte) aufgesplittet, wobei die Überschüsse der Bestandskonten in die Bilanz eingehen und die der Erfolgskonten als Aufwand oder Ertrag in der Gewinn-und-Verlust-Rechnung ihren Niederschlag finden.
Bei gemischten Konten (zum Beispiel Konten, bei denen noch Abschreibungen zu verrechnen sind) wird der Endbestand in die Bilanz eingestellt und der Erfolgsanteil in die Gewinn-und-Verlust-Rechnung übernommen. Der Saldo zwischen Aufwands- und Ertragsspalte in der Gewinn-und-Verlust-Rechnung und der Aktiv- und Passivseite in der Hauptabschlussbilanz muss identisch sein. Ein Gewinn (Verlust) ist erzielt worden, wenn der Saldo zum Ausgleich der Bilanz auf der Passivseite (Aktivseite) und zum Ausgleich der Gewinn-und-Verlust-Rechnung auf der Aufwandsseite (Ertragsseite) erscheint.
Dazu eine Mustervorlage:
Die Spalte Umbuchungen ist für Buchungen reserviert, die noch (erst) am Jahresende vorgenommen werden müssen (können):

- ❑ Abschluss des Umsatzsteuerkontos/Ermittlung der Umsatzsteuerzahllast,
- ❑ Entnahmen/Einlagen aus dem/in das Eigenkapitalkonto,
- ❑ Buchung der Jahresabschreibungen,
- ❑ Inanspruchnahme von Bewertungswahlrechten und Sonderabschreibungen,
- ❑ Berücksichtigung von Bestandsveränderungen beim Vorratsvermögen,
- ❑ Vornahme von zeitlichen Abgrenzungen,
- ❑ Rückstellungsbildung und so weiter.

Allein aus der Sicht der richtigen Bewertung ist es für Sie auf jeden Fall sinnvoll, vor dem eigentlichen Jahresabschluss in Ihrer Buchführung mittels Hauptabschlussübersicht außerhalb der Buchführung einen »Probeabschluss« durchzuführen, um die möglichen Auswirkungen verschiedener bilanzpolitischer Entscheidungen sofort sichtbar zu machen und die daraus resultierenden Konsequenzen aufzuzeigen.

Konto	Eröffnungsbilanz		Summenzugänge		Summenbilanz		Saldenbilanz I		Umbuchungen		Saldenbilanz II		Hauptabschlußbilanz		Gewinn- u. Verlustrechnung	
	Aktiva	Passiva	Soll	Haben	Soll	Haben	Soll	Haben	Soll	Haben	Soll	Haben	Soll	Haben	Soll	Haben
	€	€	€	€	€	€	€	€	€	€	€	€	€	€	€	€
Grund und Boden																
Gebäude																
Fuhrpark																
Geschäftseinrichtung																
Darlehen																
Kapital																
Kundenforderungen																
Vorsteuer																
Bank																
Kasse																
Lieferantenschulden																
Umsatzsteuerschuld																
Verkaufserlöse																
sonstige betr. Erträge																
Roh-, Hilfs- u. Betriebsstoffe																
Gehälter																
Löhne																
Sozialversicherung																
allg. Verwaltungskosten																
Betriebssteuern																
Abschreibungen																
Summe	0	0	0	0	0	0	0	0	0	0	0	0	0	0	0	0
Gewinn														0	0	
Ausgleich													0	0	0	0

z.B.

Konto	Eröffnungsbilanz		Summenzugänge		Summenbilanz		Saldenbilanz I		Umbuchungen		Saldenbilanz II		Hauptabschlußbilanz		Gewinn- u. Verlustrechnung	
	Aktiva	Passiva	Soll	Haben	Soll	Haben	Soll	Haben	Soll	Haben	Soll	Haben	Soll	Haben	Soll	Haben
	€	€	€	€	€	€	€	€	€	€	€	€	€	€	€	€
Grund und Boden	118000				118000	0	118000				118000		118000			
Gebäude	250000				250000	0	250000			12000	238000		238000			
Fuhrpark	65000			3000	65000	3000	62000			5000	57000		57000			
Geschäftseinrichtung	51000		25800		76800	0	76800			3000	73800		73800			
Darlehen		250000	6200		6200	250000		243800				243800		243800		
Kapital		305000			0	305000		305000				305000		305000		
Kundenforderungen	70000		770800	600900	840800	600900	239900				239900		239900			
Vorsteuer	15000		76000	62000	91000	62000	29000			29000	0					
Bank	15800		38570		54370	0	54370				54370		54370			
Kasse	5320		24330	14890	29650	14890	14760				14760		14760			
Lieferantenschulden		65120	115000	245650	115000	310770		195770				195770		195770		
Umsatzsteuerschuld		45000		14000	0	59000		59000	29000			30000		30000		
Verkaufserlöse				540000	0	540000		540000				540000				540000
sonstige betr. Erträge				38000	0	38000		38000				38000				38000
Roh-, Hilfs- u. Betriebsstoffe	75000		255000		330000	0	330000				330000				330000	
Gehälter			55000		55000	0	55000				55000				55000	
Löhne			75000		75000	0	75000				75000				75000	
Sozialversicherung			26000		26000	0	26000				26000				26000	
allg. Verwaltungskosten			35740		35740	0	35740				35740				35740	
Betriebssteuern			15000		15000	0	15000				15000				15000	
Abschreibungen					0	0	0		20000		20000				20000	
Summe	665120	665120	1518440	1518440	2183560	2183560	1381570	1381570	49000	49000	1352570	1352570	795830	774570	556740	578000
												Gewinn		21260	21260	
												Ausgleich	795830	795830	578000	578000

Bei der Aufstellung einer Hauptabschlussübersicht beginnt man mit der Eröffnungsbilanz. Darin erscheinen alle im Laufe des Jahres geführten und neu angelegten Konten einzeln mit ihren jeweiligen Jahresanfangsbeständen, die sie in der Schlussbilanz des Vorjahres hatten. Die Summe aller Soll- und Habenbeträge muss gleich sein. Anschließend werden in einer weiteren Spalte alle Summenzugänge sowohl im Soll als auch im Haben für jedes Konto addiert und entsprechend in die Hauptabschlussübersicht eingetragen. Die Zusammenfassung der Eröffnungsbilanz und der Summenzugänge ergibt die Summenbilanz.

Da bei der doppelten Buchführung jeder Geschäftsvorfall zweimal gebucht wird, und zwar einmal im Soll und einmal im Haben, müssen in der Summenbilanz die Summen der Sollspalte und der Habenspalte denselben Betrag aufweisen. Ist dies nicht der Fall, sind Fehler aufgetreten, und zwar entweder Rechenfehler bei der Addition oder Buchungsfehler im Laufe des Geschäftsjahres (zum Beispiel die Gegenbuchung fehlt oder Buchung und Gegenbuchung sind auf der gleichen Kontenseite verbucht worden). Diese Fehler müssen zuerst lückenlos geklärt werden, bevor die Hauptabschlussübersicht fortgeführt werden kann und der buchmäßige Jahresabschluss durchgeführt wird.

Der besseren Übersicht und Einfachheit halber wird in einer weiteren Spalte mit dem Namen Saldenbilanz I von jedem Konto der Saldo der zuvor errechneten Summenbilanz gezogen. Das Konto »Kundenforderungen« hat zum Beispiel einen Eröffnungsbestand von 70.000 Euro. Die zusammengefassten Jahresbewegungen ergeben im Soll des Kontos »Kundenforderungen« einen Betrag von 770.800 Euro und im Haben einen von 600.900 Euro. Die Summe aus 70.000 Euro und 770.800 Euro im Soll ergibt 840.800 Euro, die Summe aus 0 Euro und 600.900 Euro ergibt 600.900 Euro. Diese beiden Beträge finden Sie auch in der Summenbilanz wieder.

In der Saldenbilanz I wird die kleinere Zahl von der größeren subtrahiert und der verbleibende Restbetrag auf die größere Seite des Kontos gestellt. Im Fall des Kontos »Kundenforderungen« weist die Sollseite den höheren Wert auf. Werden 600.900 Euro von 840.800 Euro

subtrahiert, verbleibt ein Restbetrag (= Saldo) von 239.900 Euro, der auf der größeren Seite (hier der Sollseite) in der Spalte Saldenbilanz I ausgewiesen wird.
Bevor eine Hauptabschlussbilanz aufgestellt wird, werden häufig noch Umbuchungen vorgenommen. Diese sollten hinter der Saldenbilanz I durchgeführt und aufgezeichnet werden. Eine Umbuchungsspalte ist immer dann sinnvoll, wenn die Hauptabschlussübersicht mehr sein soll als nur die rechnerische Verprobung der Buchführung. Dazu müssen die noch erforderlichen »Vorabschlussbuchungen« in der Umbuchungsspalte berücksichtigt werden. In unserem Beispiel zur Hauptabschlussübersicht sind noch Abschreibungen vorgenommen und die Vorsteuer in das Umsatzsteuerkonto umgebucht worden. Die entsprechenden Buchungssätze dafür lauten:

Abschreibungen auf Sachanlagen	20.000 Euro
an Gebäude	12.000 Euro
an Fuhrpark	5.000 Euro
an Geschäftseinrichtung	3.000 Euro
und Umsatzsteuerschuld	29.000 Euro
an Vorsteuer	29.000 Euro

Im Anschluss daran werden die Saldenbilanz I und die Umbuchungsspalte nochmals in einer separaten Saldenbilanz II zusammengefasst, bevor das Zahlenwerk nach Bestands- und Erfolgskonten getrennt aufgeteilt wird. Dabei gehen die Überschüsse der Bestandskonten in die Bilanz (= Hauptabschlussbilanz) und die Beträge der Erfolgskonten als Aufwand und Ertrag in die Gewinn-und-Verlust-Rechnung ein. Der Gewinn (Verlust) erscheint in der Hauptabschlussübersicht stets zum Ausgleich der Bilanz auf der Passivseite (Aktivseite) und zum Ausgleich der Gewinn-und-Verlust-Rechnung auf der Aufwandsseite (Ertragsseite).

Der Jahresabschluss

Der Jahresabschluss besteht bei Personengesellschaften und Einzelkaufleuten aus zwei, bei Kapitalgesellschaften aus drei Teilen.

<table>
<tr><td colspan="3">Bestandteile eines Jahresabschlusses</td></tr>
<tr><td colspan="3">Kapitalgesellschaft</td></tr>
<tr><td colspan="2">Personengesellschaft/Einzelkaufmann</td><td></td></tr>
<tr><td>Bilanz</td><td>Gewinn- u. Verlust-Rechnung</td><td>Anhang und Lagebericht</td></tr>
</table>

Der Anhang soll dem Bilanzleser neben der Bilanz und Gewinn-und-Verlust-Rechnung weitere wichtige Informationen liefern. Er geht vor allem auf Bewertungs- und Abschreibungsmethoden, Verbindlichkeiten gestaffelt nach unterschiedlicher Restlaufzeit, die Zahl der im Unternehmen beschäftigten Arbeitnehmer und so weiter näher ein.
Im Gegensatz dazu liefert der Lagebericht zusätzliche Informationen über den Geschäftsverlauf im Abschlussjahr, die wirtschaftliche und finanzielle Lage der Gesellschaft zum Bilanzstichtag sowie die voraussichtliche Entwicklung des Unternehmens in der Zukunft.
Die zu Beginn des Geschäftsjahres in einzelne Konten zerlegte Eröffnungsbilanz muss am Geschäftsjahresende zwecks genauer Ermittlung des Gewinns wieder zu einer Schlussbilanz zusammengefasst werden.

z.B. Die Summen der einzelnen Konten in der Buchführung von Maximilian Hastig haben folgendes Aussehen:

S	Forderungen	H
20.000		5.600

S	Kasse	H
4.500		3.150

S	Bank	H
25.000		13.950

S	Maschinen	H
189.040		25.000

S	Eigenkapital	H
		100.000

S	Darlehen	H
38.000		38.000

S	Verb. a.L.+L.	H
10.000		19.000

S	Verkaufserlöse	H
		325.000

S	Materialaufwand	H
85.000		

S	Löhne / Gehälter	H
73.000		

S	Miete	H
20.000		

S	Bürokosten	H
5.860		

S	Versicherungen	H
16.000		

S	Kfz-Kosten	H
38.000		

S	sonstige Kosten	H
5.300		

Beim Abschluss der Konten zum Jahresende sollten Sie folgende Grundsätze beherzigen:

- ❑ Bestandskonten werden direkt über die Bilanz abgeschlossen.
- ❑ Erfolgskonten werden über die Gewinn-und-Verlust-Rechnung abgeschlossen.
- ❑ Die Gewinn-und-Verlust-Rechnung wird über das Eigenkapitalkonto abgeschlossen.
- ❑ Der Saldo steht auf den einzelnen Konten immer auf der kleineren Seite.
- ❑ Der Saldo wird immer auf der entgegengesetzten Seite gegengebucht.

Sie erinnern sich: Bestandskonten sind Bilanzkonten und haben keinerlei Einfluss auf den Gewinn oder Verlust Ihres Unternehmens. Erfolgskonten sind gewinnbeeinflussend und werden zuerst über die Gewinn-und-Verlust-Rechnung abgeschlossen. Nur der Saldo, also der Gewinn oder Verlust, geht im Anschluss daran in das Eigenkapital ein. Alle Konten werden dadurch abgeschlossen, dass auf beiden Seiten, also im Soll und im Haben, der gleiche Betrag steht. Der Saldo geht entweder direkt in die Bilanz ein oder in die Gewinn-und-Verlust-Rechnung.

Das Konto »Forderungen« ist ein Bestandskonto. Demnach geht der Saldo sofort in die Bilanz ein. Der Saldo für das Konto »Forderungen« wird wie folgt errechnet:

größere Seite	=	Sollseite	20.000 Euro
kleinere Seite	=	Habenseite	5.600 Euro
Saldo kommt immer auf die kleinere Seite	=	Habenseite	14.400 Euro

S	Forderungen		H
	20.000		5.600
		Saldo	14.400

Anschließend werden beide Seiten des Kontos unterstrichen und insgesamt nochmals addiert.

S	Forderungen		H
	20.000		5.600
	______	Saldo	14.400
	20.000		20.000

Als Zeichen dafür, dass das Konto abgeschlossen ist, werden beide Summen auf beiden Seiten des Kontos nochmals doppelt unterstrichen.

S	Forderungen		H
	20.000		5.600
	______	Saldo	14.400
	20.000		20.000

Der Saldo auf dem Konto »Forderungen« steht mit einem Betrag von 14.400 Euro im Haben. Demnach muss die Gegenbuchung im Soll erfolgen, und zwar in der Bilanz.

Aktiva	Bilanz zum 31.12.2007		Passiva
Forderungen	14.400		

Genau wie das Forderungskonto werden auch alle anderen Bestandskonten abgeschlossen und der jeweilige Saldo in die Schlussbilanz übernommen. Bei den Erfolgskonten erfolgt der Kontenabschluss zunächst über die Gewinn-und-Verlust-Rechnung.
Dazu auch ein Beispiel. Das Konto »Löhne/Gehälter« ist ein Erfolgskonto. Demnach geht der Saldo zunächst in die Gewinn-und-Verlust-

Rechnung ein. Der Saldo für das Konto »Löhne/Gehälter« wird wie folgt errechnet:

größere Seite	=	Sollseite	73.000 Euro
kleinere Seite	=	Habenseite	0 Euro
Saldo kommt immer auf die kleinere Seite	=	Habenseite	73.000 Euro

S	Löhne / Gehälter		H
	73.000	Saldo	73.000

Anschließend werden beide Seiten des Kontos unterstrichen und insgesamt nochmals addiert.

S	Löhne / Gehälter		H
	73.000	Saldo	73.000
	73.000		73.000

Als Zeichen dafür, dass das Konto abgeschlossen ist, werden beide Summen auf beiden Seiten des Kontos nochmals doppelt unterstrichen.

S	Löhne / Gehälter		H
	73.000	Saldo	73.000
	73.000		73.000

Der Saldo auf dem Konto »Löhne/Gehälter« steht mit einem Betrag von 73.000 Euro im Haben. Demnach muss die Gegenbuchung im Soll erfolgen, und zwar in der Gewinn-und-Verlust-Rechnung.

S	Gewinn und Verlust-Rechnung 01.01.–31.12.07		H
Löhne / Gehälter	73.000		

Der gesamte Abschluss aller Konten muss in Ihrer Buchführung dann folgendermaßen aussehen:

S	Forderungen		H
	20.000		5.600
		Saldo	14.400
	20.000		20.000

S	Kasse		H
	4.500		3.150
		Saldo	1.350
	4.500		4.500

S	Bank		H
	25.000		13.950
		Saldo	11.050
	25.000		25.000

S	Maschinen		H
	189.040		25.000
		Saldo	164.040
	189.040		189.040

S	Eigenkapital		H
Saldo	100.000		100.000
	100.000		100.000

S	Darlehen		H
	38.000		38.000

S	Verb. a.L.+L.		H
	10.000		19.000
Saldo	9.000		
	19.000		19.000

S	Verkaufserlöse		H
Saldo	325.000		325.000
	325.000		325.000

S	Materialaufwand		H
	85.000	Saldo	85.000
	85.000		85.000

S	Löhne / Gehälter		H
	73.000	Saldo	73.000
	73.000		73.000

S	Miete		H
	20.000	Saldo	20.000
	20.000		20.000

S	Bürokosten		H
	5.860	Saldo	5.860
	5.860		5.860

S	Versicherungen		H
	16.000	Saldo	16.000
	16.000		16.000

S	Kfz-Kosten		H
	38.000	Saldo	38.000
	38.000		38.000

S	sonstige Kosten		H
	5.300	Saldo	5.300
	5.300		5.300

S	Gewinn-und-Verlust-Rechnung 01.01.–31.12.2007		H
Materialaufwand	85.000	Verkaufserlöse	325.000
Löhne und Gehälter	73.000		
Miete	20.000		
Bürokosten	5.860		
Versicherungen	16.000		
Kfz-Kosten	38.000		
Sonstige Kosten	5.300		
Jahresüberschuss	81.840		
	325.000		325.000

S	Bilanz 31.12.2007		H
A. Anlagevermögen		A. Eigenkapital	
1. Maschinen	164.040	1. Stammkapital	100.000
		2. Jahresüberschuss	81.840
B. Umlaufvermögen			
1. Forderungen	14.400	B. Fremdkapital	
2. Bank	11.050	1. Verbindlichkeiten	9.000
3. Kasse	1.350		
	190.840		190.840

Eine Besonderheit stellt in diesem Zusammenhang das Konto »Darlehen« dar. Bereits während des laufenden Geschäftsjahres gleicht sich das Konto auf beiden Seiten aus. Es stehen sowohl 38.000 Euro auf der Haben- als auch auf der Sollseite. Insofern beträgt der Saldo 0 Euro. Wird kein Saldo ermittelt, wird die Addition auf beiden Seiten lediglich doppelt unterstrichen.

S	Darlehen	H
38.000		38.000

! Weisen sämtliche Konten im Soll und Haben den gleichen Betrag auf, das heißt, sind sie im Soll und Haben ausgeglichen, kann der Kontenabschluss dadurch erfolgen, dass unter die Summen der beiden Seiten Doppelstriche gezogen werden. Ergibt sich bei einem Konto ein Sollüberschuss (die Sollseite ist größer als die Habenseite), muss der Saldo zum Ausgleich des Kontos auf der Haben- und in der Schlussbilanz auf der Sollseite stehen. Umgekehrt steht der Saldo auf dem Konto auf der Sollseite, falls ein Habenüberschuss (die Habenseite ist größer als die Sollseite) vorliegt. Die Gegenbuchung erfolgt in der Schlussbilanz auf der Habenseite.

Folglich können Sie sich ganz einfach merken:

Das Konto weist einen ... auf:	Konto steht in der Schlussbilanz auf der:
Sollüberschuss (Soll > Haben)	Aktivseite
Habenüberschuss (Haben > Soll)	Passivseite

Zusammenfassend lässt sich festhalten, dass die gesamten Buchungsarbeiten während des Geschäftsjahres wie folgt ablaufen:

1. Aufstellung einer Eröffnungsbilanz (= Schlussbilanz des Vorjahres)
2. Anlegen von verschiedenen Konten
3. Übertragung der Anfangsbestände auf die einzelnen Konten
4. Buchung der laufenden Geschäftsvorfälle während des Jahres
5. Abstimmung der Konten mit den Inventurwerten
6. Abschluss der Kosten- und Erlöskonten über das Gewinn-und-Verlust-Konto
7. Abschluss des Gewinn-und-Verlust-Kontos über das Eigenkapital
8. Aktiv- und Passivkonten über die Bilanz abschließen
9. Schlussbilanz aufstellen

Stichwortverzeichnis

13. Monatsgehalt 125

A

Abgabenordnung (AO) 23
Abgang 76, 78-81, 84 ff., 89, 92, 96, 101
Abschlagszahlungen 130, 132 f.
Abschreibungen 163-184, 218, 221, 223, 225 f., 228 ff., 243 ff, 266 ff., 271
- Beginn der 171-183
- degressive 167 f., 181, 221
- lineare 167, 169 f., 221, 223, 225
- planmäßige 165, 166
- zeitanteilige 171 f., 237
Abschreibungsmethode nach der beanspruchten Leistung 171
Abschreibungsplan 173, 177, 180, 182, 236 f.
Abzüge 126-137
Agio 255 f.
Aktiva 55, 71, 77, 89 f., 265, 274
Aktivkonto 71, 78 ff., 85, 112, 159, 220
Aktiv-Passiv-Mehrung 89 f., 94 f.
Aktiv-Passiv-Minderung 89 f., 95 f.
Aktivtausch 89-92
Anfangsbestand 35, 66, 70 ff., 78, 91 f., 93-96, 158 f., 175, 188, 192, 194, 229
Anlagenbuchhaltung 32, 213, 228-229
Anlagengut 230
Anlagenkartei 32
Anlagenkonto 220, 229
Anlagenspiegel 229
Anlagevermögen 49 ff., 54 ff., 58, 64, 99, 165 f., 170, 175, 183, 243 f., 279
Anschaffungsgemeinkosten 214
Anschaffungskosten 142, 145, 171 f., 213-228, 244 f., 250, 259
Anschaffungsnebenkosten 213 f., 217, 223, 227, 259
Anschaffungspreisminderungen 145, 213 f., 216, , 223, , 259
Anzahlungen 83, 199-203
- erhaltene 58, 83
- geleistete 58 f., 83
Arbeitgeber 123-137
Arbeitnehmer 123-136, 261, 271
Arbeitslosenversicherung 123, 126
Aufbewahrungsfrist 26, 37
Aufwand 99-105, 154, 216 ff., 224, 231 ff., 249, 251, 255, 260, 266, 270
Aufwandssteuern 259
Ausgangsrechnung 111, 113-119, 141
Ausgangsscheck 208

B

Barausgaben 37
Bareinnahmen 37
Beitragsbemessungsgrenze 126
Belege 16, 26 ff., 37, 41, 43
Besitzwechsel 203-206
Bestandsaufnahme 30, 37, 41, 43 ff., 49, 158, 160, 192
Bestandskonten 11, 71 f., 99, 105, 182 ff., 194, 266, 270, 273 f.
Bestandsmehrung 192 f.
Bestandsminderung 192 f.
Bestandsveränderung 185-196, 266
Bestandsverzeichnis 49, 51
Betriebsabrechnungsbogen 53
Betriebsausgaben 243, 253, 260
- nicht abzugsfähige 260
Betriebsstoffe 50, 59, 101, 146
Betriebsvergleich 57
Betriebsvermögen 17 ff., 25, 36, 41, 49, 55
Beweiskraft bei Rechtsstreitigkeiten 16
Bewertung 41, 53, 229, 234, 266
Bewertungsvereinfachung 244
Bezugskosten 141-144, 214
Bilanz 47-72, 250
Bilanzposten 63
Bilanzverkürzung 90
Bilanzverlängerung 90
Bruttoverdienst 123
Buchführung
- doppelte 25 ff.
- einfache 25
Buchungssatz 73-86
Buchwert 99, 167 ff., 230-243

D

Damnum 249
Darlehensabgeld 249, 255
Darlehensaufgeld 255
Darlehensaufnahme 219, 247-256
Datenträger 26
Debitoren 32, 35
Debitorenkonten 35
Disagio 249-256
Diskont 203-207, 214
Disposition 15
Dokumentation 15, 25, 75

E

Eigenkapitalkonto 100, 103- 105, 266, 273
Eigenverbrauch, steuerpflichtiger 234 f.
Einfuhrzölle 142
Eingangsrechnung 28, 53, 111 f., 147
Einkommensteuer 17, 23, 260
Einlagen 19 f., 266
Ein-Prozent-Regelung 135
Endbestand 71 f., 78, 91 ff., 95 f., 159 f., 266
Entnahmen 18 ff., 266
Erfolgskonten 97-105, 194, 266, 270, 273 f.
Erfolg, neutraler Vorgang 165
Erfolg, wirksamer Vorgang 165
Erinnerungswert 169 f.
Erlösschmälerung 153 f., 156
Eröffnungsbilanz 54, 63, 192, 265, 269, 271, 280
Erstattung 116, 221
Erträge 19, 25, 99 f., 104 f.
Erzeugnisse
- fertige 59, 190
- unfertige 50, 59, 190, 192-195

F

Fälligkeit 51, 55 f., 205 ff., 255
Fälligkeitsdarlehen 253
Fertigungslöhne 123
Finanzamt 16 f., 23, 30, 37, 51 f., 109 ff., 218, 261
Finanzierungskosten 214, 218
Firmen-Pkw 125, 130, 134, 165
Forderung 32 f., 42, 50, 53, 56, 59, 199, 203, 210
Forderung gegenüber dem Finanzamt 112, 116, 218
Fremdkapital 15, 17, 54 ff., 176, 249

G

Gehälter 99, 123, 274
Gehaltsliste 125
Geringverdiener 123
Geschäftsbücher 26
Geschäftsfreundebuch 32 f., 36
Geschäftsvorfall 27, 63, 75-84, 269
Gewerbesteuer 23, 259 f.
Gewinn 16 f.
Gewinn- und Verlust-Rechung 17, 32, 190-195, 266, 270-280
Gewinnermittlung, steuerliche 55
Grundbuch 25, 27 ff., 31 f.,

Grundsätze ordnungsgemäßer Buchführung 23, 57
Grundsteuer 259 f.
Guthaben bei Kreditinstituten 59, 77 f.

H

Habenseite 63 f., 71 f., 75, 78, 157-160, 194, 279
Handelsbetriebe 157
Handelsgewerbe 23, 41, 54
Hauptabschlussbilanz 266, 270
Hauptabschlussübersicht 263-280
- Aufbau einer 265
Hauptbuch 25 f., 28, 31 ff., 63
Hauptbuchhaltung 228 f.
Hauptbuchkonto 33
Hilfsbücher 26
Hilfslöhne 123
Hilfsstoffe 101, 144, 146

I

Inventar 36 f., 42, 47-60
Inventur 37, 39-59, 157, 162, 192, 266, 280
- permanente 43 ff.
- verlegte 43 f.
Inventurdurchführung 42
Inventurplan 42

J

Jahresabschluss 15, 37, 100, 265 f., 271-280
Jahresboni 145, 153, 214
Jahreslohnsteuertabelle 125

K

Kapazitätserweiterung 173 ff.
Kapazitätsmultiplikator 175
Kapitaländerung 100
Kapitalaufbau 57
Kapitalfreisetzungseffekt 172 f.
Kapitalgesellschaften 260, 271
Kassenaufzeichnungen 30
Kassenbelege 30
Kassenbestand 30 f., 56, 59, 77-80, 90
Kassenbuch 29 ff.
Kfz-Steuer 224 f., 259 f.
Kirchensteuer 23, 123-135, 260 f.

Kleingewerbetreibende 23
Konten 61-72, 97-106
Kontenform 57, 63
Kontrollausübung 15
Körperschaftssteuer 23, 260
Kosten, kalkulatorische 54
Kostenrechnung 15, 53, 99
Kostenträger 53
Krankenkasse 127-134
Krankenversicherung 123, 126
Kreditoren 32 f., 35
Kundenschecks 207-210

L

Lagebericht 271
Lagerbuch 32
Lagerkartei 45
Liquidität 33, 172 f., 176, 249
Lohn- und Gehaltsbuch 32
Löhne 99, 103 f., 123, 127, 130, 274
Lohnsteuer 123-126, 128, 136, 261

M

Mahlzeiten 130, 134
Mängelrüge 141, 145, 153 f., 214
Materialaufwendungen 99
Materialkosten 142
Mehrbestand 187-195
Mehrwert 109 f.
Mehrwertsteuer 109
Minderbestand 187, 191-195
Mittelherkunft 17, 55 f.
Mittelverwendung 17, 55 f.
Monatslohnsteuertabelle 125

N

Nachlässe 145 f., 153 f., 158 ff.
Nachlasskonto 146
Nebenbücher 26, 32-37
Nebenkosten 142, 213 f., 227
Nettobezüge 136
Nettokaufpreis 111, 213 f.
Nettoverdienst 123
Nettoverkaufspreis 113, 158, 231 f.
Nutzungsdauer 56, 165, 167, 169 f., 221, 228

P

Passiva 55, 71, 77, 89 f., 265, 274
Passivkonto 89
Passivtausch 92 ff.
Personenkonten 25, 33, 35, 70
Pflegeversicherung 123-126
Posten, durchlaufende 109 f., 142, 152, 259, 261
Prämien 125
Preisnachlass 141, 145, 148, 151, 153, 155, 157
Privatentnahmen 18, 158, 160, 235

R

Rechnungsabgrenzung, aktive 226
Rechnungsabgrenzungsposten 251-256
Rentenversicherung 123, 126
Reparaturlöhne 123
Restbuchwert 169, 179, 236
Restnutzungsdauer 169
Rohgewinn 157-161
Rohstoffe 16, 75 f., 82
Rohverlust 160
Rücksendungen 141, 144 f., 152 f., 158
Rückstellungen 58, 266

S

Sachanlagen 58, 182 f., 221, 226, 270
Sachbezüge 125
Sachkonten 25, 32, 68, 84
Saldenbestätigung 42
Saldenbilanz I 265, 269 f.
Saldenbilanz II 265, 270
Saldieren 64
Saldo 30, 33, 35
Schätzung 37, 53
Scheckeingang 209
Schecks 59, 199, 207-210
- eigene 207-210
Schlussbilanz 36, 63, 65, 71, 115, 183 f., 194, 266, 269, 271, 274, 279 f.
Schulden 17, 31, 33, 41, 43, 49, 51 f., 54, 56
Schuldwechsel 32, 204, 207
Skonto 141, 147 f., 151, 154 f., 214
Skontoaufwand 154 ff.
Skontoertrag 147 ff., 220
Solidaritätszuschlag 123, 127 f., 130, 133, 135 f., 260 f.
Sollseite 63, 71 f., 75, 78, 92, 100, 112, 157-160, 189, 219, 269 f., 279

Sonstige betriebliche Erträge 137, 243
Sonstige Forderungen 117
Sonstige Verbindlichkeiten 54, 56, 59, 115
Sozialversicherungsbeiträge 123, 126 ff., 163
Sprunginventur 42
Staffelform 57
Steuern 259-264
Steuerrecht 37, 135
Stichtagsinventur 43 f.
Summenbilanz 267, 271
Summenzugänge 265, 259

T

Tageslohnsteuertabelle 125
Tilgungsdarlehen 253 f.
Transportkosten 142

U

Überstundenzuschläge 125
Umbuchungen 92, 204, 225, 229, 265 f.
Umbuchungsspalte 270
Umlaufvermögen 17, 49 f., 53-58, 165
Umsatz, tauschähnlicher 136
Umsatz, wirtschaftlicher 159 f.
Umsatzerlöse 99, 105, 166, 191
Umsatzerlöskonto 232
Umsatzsteuer 107-120
Umsatzsteuergesetz 109
Umsatzsteuerkonto 113-116, 266, 270
Umsatzsteuerschuld 52, 272
Umsatzsteuerzahllast 17, 110-118, 266
Unterkonten 97-106

V

Veräußerungsgewinne 237, 239, 241
Veräußerungsverluste 234
Verbindlichkeiten 32 f., 35 f., 42, 53, 56
- gegenüber dem Finanzamt 51, 111-116, 128, 218
- gegenüber der Krankenkasse 128 f., 132, 134, 137
Verkauf von Fertigerzeugnissen 111, 151 f.
Verkaufsbereich 139-162
Verkaufserlöse 100, 113, 115, 118 f., 151, 153
Verlust 19, 24, 99, 266, 270, 273
Vermögensformen 55

Vermögensgegenstand 142, 165 f., 169, 171, 213, 216, 218
Vermögensmehrung 71
Vermögensminderung 71
Vermögensquellen 55
Verpackung 141 f., 214
Verrechnungsscheck 209
Versicherungskosten 219
Vorleistung 83, 199
Vorräte 41, 43, 51-54, 58, 83, 94, 101, 176
Vorratsvermögen 43, 56, 101
Vorschüsse 130-133
Vorsteuer 110 ff., 142, 213 f., 218
Vorsteuerkonto 112-115
Vorsteuerüberhang 17, 116-119
Vorteil, geldwerter 125, 134

W

Warenausgänge 157, 160
Wareneinsatz, wirtschaftlicher 159 f.
Wareneingänge 157, 160
Warenkonto 157 ff.
Wechsel 59, 169, 199, 203-207
Wechselbuch 32
Wechseldiskontierung 205 f.
Wechselforderung 203
Weihnachtsgeld 125
Werkswohnung 134
Wertabschläge 53
Wertverlust 168
Wirtschaftsgüter
- geringwertige 243-246
- nicht selbstständig nutzungsfähige 246
- selbstständig nutzungsfähige 245 f.

Z

Zeitvergleich 57
Zinsaufwand 252-256
Zinserträge 99
Zugang 75-85, 95, 100, 105
Zulagen 125
Zweckbestimmung 244

FSC
www.fsc.org
MIX
Papier | Fördert gute Waldnutzung
FSC® C083411

Kolibri 360 GmbH
Ferdinand-Jühlke-Straße 7
99095 Erfurt, Deutschland
produktsicherheit@kolibri360.de

Druck:
CPI Druckdienstleistungen GmbH
im Auftrag der
Kolibri 360 GmbH
Ferdinand-Jühlke-Str. 7
99095 Erfurt